Marilyn Monroe

Série Biografias **L&PM** POCKET:

Albert Einstein – Laurent Seksik
Átila – Éric Deschodt / Prêmio "Coup de coeur en poche" 2006 (França)
Balzac – François Taillandier
Baudelaire – Jean-Baptiste Baronian
Billie Holiday – Sylvia Fol
Cézanne – Bernard Fauconnier / Prêmio de biografia da cidade de Hossegor 2007 (França)
Freud – René Major e Chantal Talagrand
Gandhi – Christine Jordis / Prêmio do livro de história da cidade de Courbevoie 2008 (França)
Júlio César – Joël Schmidt
Kafka – Gérard-Georges Lemaire
Kerouac – Yves Buin
Leonardo da Vinci – Sophie Chauveau
Luís XVI – Bernard Vincent
Marilyn Monroe – Anne Plantagenet
Michelangelo – Nadine Sautel
Modigliani – Christian Parisot
Oscar Wilde – Daniel Salvatore Schiffer
Picasso – Gilles Plazy
Shakespeare – Claude Mourthé
Van Gogh – David Haziot / Prêmio da Academia Francesa 2008
Virginia Woolf – Alexandra Lemasson

Anne Plantagenet

Marilyn Monroe

Tradução de Rejane Janowitzer

www.lpm.com.br
L&PM POCKET

Coleção **L&PM** POCKET, vol. 936
Série Biografias/21

Texto de acordo com a nova ortografia.
Título original: *Marilyn Monroe*

Primeira edição na Coleção **L&PM** POCKET: março de 2011

Tradução: Rejane Janowitzer

Capa e projeto gráfico: Editora Gallimard
Ilustrações da capa: © Frank Powolny, / Album/Album Cinema/Latinstock (acima); © 20th Century Fox / Album/Album Cinema/Latinstock (abaixo: Marilyn Monroe em cena do filme *O pecado mora ao lado*)
Preparação: Patrícia Yurgel
Revisão: Patrícia Rocha

CIP-Brasil. Catalogação-na-Fonte
Sindicato Nacional dos Editores de Livros, RJ

P777m

Plantagenet, Anne, 1972-
Marilyn Monroe / Anne Plantagenet ; tradução Rejane Janowitzer. - Porto Alegre : L&PM, 2011.
224p. (Coleção L&PM POCKET; v. 936)

Tradução de: *Marilyn Monroe*
ISBN 978-85-254-2164-7

1. Monroe, Marilyn, 1926-1962. 2. Atores e atrizes de cinema - Estados Unidos - Biografia. I. Título. II. Série.

11-0812. CDD: 927.9143028
CDU: 929:791

Rua Comendador Coruja, 314, loja 9 – Floresta – 90220-180
Porto Alegre – RS – Brasil / Fone: 51.3225.5777 – Fax: 51.3221.5380

PEDIDOS & DEPTO. COMERCIAL: vendas@lpm.com.br
FALE CONOSCO: info@lpm.com.br
www.lpm.com.br

Impresso no Brasil
Verão de 2011

Sumário

Morena[1]

Julho de 1962. Ela caminha a passos rápidos. Sozinha, no meio da tarde, na calçada do bairro residencial de Brentwood, Los Angeles, está quase correndo. É uma morena de altura média, as pernas são um tanto curtas, vai protegida por uma capa de chuva disforme que esconde sua silhueta e lhe desce até as canelas. Nenhuma maquiagem, ou muito discreta. Está usando grandes óculos escuros, sapatos baixos, comuns. Os carros passam por ela sem sequer diminuir a velocidade. Trata-se apenas de uma passante, assustada, de cabelo desgrenhado, uma criatura da noite que seguramente acabou de sair da cama. Louca, talvez, ou drogada. Parece estar fugindo de um perigo, de alguém. Estaria se afastando de um encontro adúltero, de uma orgia organizada pelo *jet set* hollywoodiano em uma das ricas mansões de esquina escondidas dos olhares por muros altos? De quem está tentando escapar? Está com pressa, sem fôlego, continua andando rápido com seus passinhos. Que idade ela tem? Difícil dizer por causa dos óculos, da franja negra que lhe camufla a testa e contrasta com a extrema palidez da pele. Mas já passou dos trinta, provavelmente. Um certo cansaço emana de seu corpo sem nenhuma graça particular, uma lassidão pesada, na atitude um ar de abatimento, de resignação.

Ela levanta o braço para fazer sinal para um táxi.

– Eu... não sei. Pode seguir. Sempre... sempre em frente. Eu vou... vou lhe dizer quando... for para parar.

O chofer está surpreso. Não pelo pedido, já viu outros iguais. Foi a voz que o impressionou. Uma voz tão fina, tão débil, que ele olhou para ela pelo retrovisor com o temor súbito de ter embarcado no seu carro uma menor, uma fugitiva. Gaga, ainda por cima. Mas trata-se de fato de uma mulher. A passageira retirou os óculos. Numerosas ruguinhas riscam o contorno dos seus olhos azuis. As bochechas são cobertas de uma penugem bem espessa. Loura, quase branca. Como as sobrancelhas. O chofer se tranquiliza. O que ele teme são os briguentos, os violentos. As desocupadas que vêm buscar um pouco de companhia no seu carro não o incomodam. Mesmo que elas não cheirem bem. Não faz mal. Se for preciso, está disposto a conversar. Mas é ela que começa a falar, com um fiozinho de voz quase inaudível, educada, suplicante.

– Com que mu... mulher você go... gostaria de pa... passar uma noite?

Ela não tinha dormido antes da madrugada. Não conseguiu, apesar do que tinha engolido para dominar não o sono, mas o medo do sono, o entorpecimento, o abandono, os pesadelos. A pequena morte. Ela não dormiu e, para fazer calar o silêncio em torno de si, para quebrar por um momento a solidão que a oprime, atirou-se sobre o único objeto que ainda a liga ao mundo e prova que sua carne ainda brilha quando tudo se apagou à sua volta: o telefone. Um aparelho branco, ligado no quarto ao lado, com um fio de dez metros que ela faz passar debaixo da porta e aperta, tremendo, contra o próprio corpo, como um bicho de pelúcia, entre os lençóis, debaixo do travesseiro. Ela disca. Qualquer pessoa, todo mundo, amigo(a)s, amantes, ex, doutores, massagistas, jornalistas, filhos de, pais de, vizinhos, colunistas, fotógrafos, cabeleireiros, maquiadores, atores, professores, psiquiatras, adivinhe quem é, você viu que horas são. Ela sussurra, com sua voz minúscula. Não viu as horas. Ia mudar o quê? Seu tempo é outro, às vezes ela dorme cem anos, princesa, sereia, ela voa, flutua, está numa praia, sem roupa, na frente do oceano, o vento é quente, ela é oferenda. Ela, ou então essa presença estranha que habita nela e que ela encontra às vezes, como uma colocatária sobre quem se cai vez por outra. No seu universo livre de convenções e de mentiras, tudo é permitido: perambular nua no cenário branco e vazio da sua casa sob o olhar estarrecido das visitas, beber champanhe ao acordar, chegar com oito horas de atraso a um compromisso. Telefonar no meio da noite para o primeiro número que vem à cabeça.

Pois o universo dela é o de um conto para crianças. E as horas não existem.

Uma mulher branca de cabelos castanhos, portanto, insone, de trinta e poucos anos, descabelada, parecendo meio gordinha sob a capa grande demais. Gordinha e gasta. Uma pessoa qualquer.

Tudo começou bem antes da sua partida para a Costa Leste, naquele famoso dia, no final de 1954, em que ela saíra à francesa, fazendo um gesto obsceno para a Fox, e embarcara num voo noturno, só de ida, Los Angeles-Nova York, de tailleur bege, disfarçada debaixo de uma peruca castanha e por trás do inacreditável pseudônimo de Zelda Zonk, para se livrar do sistema hollywoodiano que explorava suas curvas, seus peitos, tal como se bombeia uma vaca leiteira, bem como para se livrar da louraça de celuloide cuja fotografia de biquíni todos os homens, do operário ao senador, possuíam, e a quem os produtores se obstinavam em dar papéis de irresistível idiota. Zelda Zonk era uma de suas mais brilhantes composições. Uma caracterização à qual ela recorria tantas vezes quanto necessário, menos falsa, menos trapaceada. Não a morena latina, incendiária, mas a mulher racional, calculista, fria e determinada. Uma identidade usurpada que angariava respeito, ao qual ela aspirava mais do que tudo. Ela não era melhor atriz do que pensavam? A primeira vez que cismara com aquilo tinha sido uma manhã. O ar se tornara subitamente irrespirável. Ela tivera vontade de sair do próprio corpo, de largar aquele envoltório cor-de-rosa e voluptuoso que instigava o prazer em toda parte: na tela, nas capas das revistas, nos pôsteres, nos calendários. Então tinha posto uma peruca escura na cabeça, enfiado roupas bem simples que não moldavam exageradamente suas nádegas nem seus seios e saíra para a rua. Queria ver o efeito produzido, recuperar a sensação, perdida há muito tempo de circular sem rebolar, sozinha, sem provocar tumultos a que só o exército conseguia pôr fim. Desfazer-se por algumas horas dessa parte de artifício que terminara se instalando nela como uma doença incurável.

Era bom, de repente, esse inacreditável anonimato e, melhor ainda, tranquilizadora, a consciência aguda de poder rompê-lo a todo instante. Nada mais fácil: bastava-lhe retirar os cabelos postiços e sobretudo retomar sua célebre postura "de puta" para que o milagre se produzisse imediatamente. No fundo, ela não tinha sequer necessidade de peruca. Natural, de volta à fragilidade de suas origens, ninguém podia reconhecê-la, ninguém sabia quem ela era. Não era nem uma questão de maquiagem, nem de cor de cabelo. Na realidade, só a tinham visto depois que decidira aparecer. Eis a prova, no auge de sua glória, durante algumas noitadas nova-iorquinas:

– Você faz o quê na vida?

– Sou atriz.

– E como é que você se chama?[2]

Voz de passarinho e ar de quem se desculpa. Inacreditável porém verdadeiro. A mulher mais desejada do mundo, que provocava engarrafamentos monstruosos cada vez que saía, podia da mesma maneira dissipar-se à vontade, fundir-se no cenário. Ser uma aluna entre outras do Actors Studio, uma transeunte incógnita na Quinta Avenida, quase feia, mal vestida, um desses rostos vazios que atiram migalhas de pão para os passarinhos no Central Park, uma sombra desamparada sob o sol da Califórnia. Mas isso ela ainda ignorava; só aos poucos se dava conta de que era a única a deter este poder: dar vida à sua célebre dublê, convocá-la sempre que necessário. Com ou sem Zelda Zonk. Com um estalar de dedos.

Animada; inanimada.

Só ela podia determinar o olhar dos outros e despontar em plena rua, para a grande sensação dos desocupados. Ela imaginava o espanto: o tempo ficaria suspenso, ela seria perseguida, acossada, cercada, atacada. Como no aeroporto, que fora necessário fechar por um dia inteiro antes de voltar à calma "de antes" – antes de ela descer de um avião, radiante, risonha, mais de uma hora depois da aterrissagem, e atravessar uma pista interditada por guardas mais altos do que torres de observação, metralhada por uma malta de fotógrafos, enquanto ao longe, espremida por atrás de barreiras, a multidão berrava seu nome (que era só o primeiro nome, nem sequer o seu) e sonhava em pisoteá-la. Hábil encenação. Muitas vezes repetida. Ao mesmo tempo em que a provocava, ela temia a sufocação. E se as pessoas derrubassem os seguranças e invadissem a pista até ela? E se, na rua, Zelda Zonk tivesse arrancado a máscara? Motim. Perturbação da ordem pública. A ideia a fazia entrar em pânico, mas ela não pediria ajuda. Percebera que sentia prazer naquilo também, naquela despossessão, naquele esmagamento, como sob o peso pesado, pesadíssimo, de um amante. Ou de um travesseiro. Quando nos divertimos até não poder mais respirar.

Ela se divertia, às vezes, até não respirar mais.

Faz muito tempo que ela luta contra a asfixia.

Agora ela chegou em casa. Vagueou de táxi em táxi. A tarde inteira. Cada vez a mesma pergunta e quase unanimemente a mesma resposta. Dos doze motoristas interrogados, dez disseram espontaneamente:

– Marilyn Monroe.

A capa de chuva jaz embolada no chão, ao lado dos sapatos e da peruca castanha. Era só o que ela estava usando. Um espelho lhe devolve a visão da palha desbotada que serve de cabeleira, do seu corpo nu e branco, sem artifício, que ela não lavou nos últimos dias, ao qual se agarram os anos e deslizam as carícias. Pois ela está sozinha, neste final de tarde, com a noite pela frente, o telefone como único objeto para abraçar. Não é grave. Com bem poucas exceções, os homens morrem de vontade de ir para a cama com ela. Os homens – quantos amantes deslizaram na sua carne – se atiram em cima da sua pele como mortos de fome. Se eles soubessem. Se tivessem sabido que ela estava ali, a alguns centímetros, vulnerável, oferecida. A fantasia número um. Não a reconheceram. Não a viram. Pois Marilyn Monroe não existe.

Marilyn Monroe é ela.

Nascimento

Primeiro é a luz que se apaga, violentamente, sem explicação; em seguida é a sensação de que tudo se torna difícil, hostil e quente. Muito quente. Uma batalha monstruosa e desproporcional contra um nada repentino, incompreensível, que ganha terreno e cobre tudo.

Rhode Island Avenue, Hawthorne. Um dia como os outros naquele subúrbio lúgubre de Los Angeles. Construções alinhadas onde se empilham sonhos esmagados, mentiras e mau gosto, onde por trás das cortinas se amealham anos de mesquinharia. Em uma das casas, uma velha louca, empanturrada de rezas e sermões evangélicos, tenta asfixiar um recém-nascido debaixo de um travesseiro. Ela o comprime sobre o rosto dele. A pequena (pois é uma menina) se debate. Seus braços, suas pernas gorduchas se agitam. Mas a outra mantém a pressão, a acentua até, tapando bem com a almofada o rosto do bebê para que nem uma mínima quantidade de ar possa passar, nenhum grito se filtre. O combate é muito desigual, evidentemente. A velha tem anos à frente de violência mais ou menos contida, de frustração rancorosa. Ela tem, sobretudo, o que se chama pudicamente de "crises". Há algum tempo procura um culpado para o grande fracasso que foi sua vida. E naquela manhã, tudo ficou claro. O demônio é Norma Jeane, a filha de sua filha, essa pirralha vigorosa e bochechuda que balbucia dentro de fraldas, a dois passos dela.

Felizmente, os Bolender, vizinhos da frente, encarregados de tomar conta da criança, chegam a tempo de impedir Della Monroe Grainger de matar a neta. Deram dois ou três tapas no bebê e talvez tenham lhe feito uma massagem no peito a fim de permitir que o ar circulasse de novo dentro dos pulmõezinhos. Depois despacharam sem mais tardar a velha para o asilo de doidos. Ou então (outra versão), a pequena conseguiu sozinha, debatendo-se bastante, resistir à monstruosa tenaz. E a avó terminou por se declarar vencida. Ou ainda a crise parou bruscamente, a tempo, a anciã mudou de ideia e botou o travesseiro nas costas enquanto a garotinha tossia quase rasgando a garganta e recuperava o ânimo. Della Monroe não teria sido mandada para o asilo nesse dia. Mas era uma questão de tempo.

De uma forma ou de outra, Norma Jeane não morreu. Não dessa vez. Não em 1927.

Mas o que seria a história de um infanticídio, um caso pavoroso de demência absoluta, talvez seja apenas uma fábula. Pois não existe nenhuma prova dessa suposta tentativa de assassinato perpetrada contra um inofensivo bebê de alguns meses. Verdadeiro ou falso, o que está em jogo, o significado desse "incidente", fica mais forte ainda. Foi de fato a Marilyn Monroe superstar, adulada no mundo inteiro, personificação da feminilidade triunfante, que desvelou esse fato e o tornou público. Esse fato íntimo e escabroso que, segundo ela, a constituía e de alguma maneira tinha lhe dado à luz. Sua certidão de nascimento. Sua primeira lembrança, dizia ela. Entretanto, a mulher conhecida pelo nome de Marilyn Monroe mentia muito sobre o seu próprio passado, sua infância, suas iniciações na vida, seus casamentos. Sua trajetória é uma floresta negra no meio da qual ela consentiu, às vezes, em deixar cair algumas pedrinhas. Era essencial que ela se protegesse. Era essencial também que ela se reconstruísse. Que ela se inventasse e forjasse sua lenda na qual se confundiriam a demência atávica de sua ascendência familiar e a inacreditável força de resistência de uma menininha abandonada, mal-amada, vítima da ferocidade dos adultos. Ela teria de se apoiar no contraste entre o patinho feio Norma Jeane e o cisne suntuoso Marilyn Monroe. Quanto mais notável fosse este último, mais poderoso e universal seria o mito.

Assim, conta ela, era uma vez uma menininha pobre nascida às nove e meia da manhã do dia 1º de junho de 1926 na enfermaria do Hospital Geral de Los Angeles. Um bonito bebê, explodindo de saúde, de pele muito branca, com alguns cachinhos castanho-claros e olhos incrivelmente azuis. Do lado materno, um bisavô suicida, um avô que morreu louco, uma avó ciclotímica, alcoólatra e maníaco-depressiva. A mãe, por sua vez, era instável e sujeita a diferentes psicoses. Quanto à ascendência paterna, tudo é possível. A menininha não tem pai. O declarado, Martin Edward Mortensen, de endereço desconhecido, é simplesmente um nome vazio, sem rosto. O verdadeiro pai morreu, ou se mandou sem avisar, ou mesmo ignorava ser o pai. Talvez tenha preferido não saber. Gladys Baker, a mãe, não conhece verdadeiramente amores duradouros. Saberia com certeza quem a engravidara? É uma mulher miúda, ainda jovem, de silhueta razoavelmente graciosa e simpática, firme, que trabalha doze horas por dia em um estúdio de montagem dos Consolidated Film Laboratories da RKO. Nada de muito excitante: um serviço puramente mecânico consistindo em separar e classificar negativos. Mas é Hollywood, o mundo do cinema, a indústria do sonho. E Gladys gosta muito de sonhar, de se divertir com sua amiga e colega Grace McKee, sair com homens, se fazer passar por atriz, esquecer por um momento o inferno de onde ela vem. Em poucas palavras, transformar a realidade a seu modo. O pai morreu em um hospital psiquiátrico. Quanto à mãe...

Gladys acredita que seu pai era doido, que sua mãe vai pelo mesmo caminho, que a depressão e a demência são hereditárias. Ela procura saídas para escapar dessa maldita fatalidade e busca o corpo dos homens, os braços dos homens. Ilusão de proteção, miragem de equilíbrio. Aos quatorze anos, fica grávida. A mãe a obriga a se casar com o autor do delito. Ele se chama Jasper Baker, tem doze anos a mais do que ela, bebe e bate nela quando quer. E ele frequentemente quer. Ele gostaria que Gladys abortasse, o que ela recusa. Casam-se em maio de 1917. Della quer que todo mundo acredite que Gladys tem dezoito anos. Em novembro ela dá à luz um menino, Jackie, e passados pouco mais de dois anos, uma menina, Bernice. Ela não está completamente resignada. Em casa, alguma coisa ainda resiste. Cansada de ser injuriada, humilhada, de cair diariamente sob as bofetadas do marido e de usar óculos escuros para dissimular os olhos inchados,

Gladys pede o divórcio em 1921 e, com seus dois filhos, volta a se instalar na casa da mãe, que fora abandonada pelo segundo marido.

Então o horrível acontece. Nessa família, o pior, como viria a saber a pequena Norma Jeane, estava sempre por vir. Mesmo acreditando que o mais difícil tinha passado, que em um determinado momento, por razões estatísticas, a balança acabaria pendendo para o outro lado, o lado suave e doce das coisas. Não foi o caso. O horror conseguiu, mais uma vez, levar a melhor.

Certo fim de semana, Jasper Baker não devolveu as crianças. Gladys tentou argumentar de diversas maneiras, esforçou-se como uma louca, mas nada adiantou. Seu filho e sua filha estão doravante nas mãos de um pai violento, alcoólatra e cruel, que os faz pagar pelo fato de a mãe deles ter ido embora. Gladys vacila e cede, ousa o esquecimento, instala-se em um apartamento minúsculo em Hollywood. Ao preencher formulários administrativos, ela marca a opção "sem filhos" ou "falecidos". Tenta o cinema, penteia-se como as atrizes da moda, inventa vidas mais emocionantes do que a sua, menos fúnebres. Na companhia de sua amiga Grace, descolorida como Jean Harlow, sonha que está na tela, mas não por muito tempo, pois compreende bem depressa que tem de passar para o outro lado, o lado da técnica, e vai parar numa sala de montagem da RKO. Os filmes se encadeiam, as modas também. Gladys frisa os cabelos e fuma cigarros. Faz poses, usa tailleurzinhos cintados. Envolve-se, um após o outro, em casos sem amanhã, experimenta o amor (o verdadeiro, desta vez) com Stan Gifford, sonha com casamento outra vez, intensamente. Mas os homens não ficam muito tempo sobre seu corpo seco e frenético. Os homens, provavelmente, saboreiam num primeiro momento sua desenvoltura, a extrema delicadeza dos traços de seu rosto, a maciez agradável da sua pele, mas o brilho que se acende vez por outra no seu olhar azul intima-os secretamente a tomar o caminho da fuga. Gifford recusa-se a se casar com ela. Ferida, traída, cada vez mais angustiada, Gladys se atira sobre um operário que passava por ali e lhe coloca o anel no dedo. Ou a corda no pescoço. Estamos em outubro de 1924. Entra em cena o famoso Edward Mortensen que constará, dois anos mais tarde, na certidão de nascimento da pequena Norma Jeane, que ele nunca conhecerá e de quem se pode praticamente desconsiderar que ele seja o genitor. É preciso mesmo acreditar que Gladys Baker, em suma, ainda prefere as surras ao tédio. Ao final de quatro meses, acaba a vez de Edward Mortensen e seu sotaque norueguês. Eles se separam em fevereiro de 1925. Retorno aos maus-tratos e à boa vontade de Stan Gifford, cuja inconstância a devora em fogo lento.

Quando, em outubro de 1925, descobre que está grávida, Gladys não hesita. Mesmo que Gifford já lhe tenha comunicado que... E além do mais, quem lhe prova que... Mesmo já sendo tão difícil se sustentar com seu salário miserável e o custo de vida elevado da Califórnia. Mesmo que sua mãe a trate como uma idiota, uma doente. Gladys não liga e apenas pede permissão para ir abrigar sua gravidez ilegítima, vez por outra, na casa dela. Essa criança, essa menina (pois ela está certa de que será uma menina), Gladys quer ficar com ela. Fica com ela. É sua revanche, sua recompensa arrancada das noites de espera frustrada, das promessas quebradas, dos dois filhos que lhe tomaram. É seu filme na grande tela. Pois será uma menina e um dia uma star de cinema. É o desejo de Gladys e ela lhe dá o nome de suas atrizes preferidas: Norma Shearer – ou seria Norma Talmadge? –, com quem ela acha que se parece um pouco, e Jean Harlow, nome ao qual ela acrescenta um *e* porque é o costume no Oeste.

Norma Jeane.

Norma Jeane Mortensen

Norma Jeane, filha do abandono mais que do amor, do desespero mais que do desejo, de um capricho mais que de uma necessidade. Porque Gladys não é mãe senão por intermitência. Uma vez nascida a menina, bem depressa retoma o emprego na RKO e seu pendor hollywoodiano, confiando o neném aos vizinhos da mãe. Della, de fato, não está lá. Partiu em busca do segundo marido, fugido a quilômetros, que ela espera trazer de volta ao lar dentro de pouquíssimo tempo. Norma Jeane foi batizada pela irmã Aimee Simple McPherson, fundadora da seita dos cientistas cristãos de que Della Monroe se tornou adepta, e cujos sermões são dispensados, todos os domingos, junto com intensas fumigações e efeitos especiais. Depois Gladys vai embora. Ela combinou com Wayne e Ida Bolender, da casa da frente, mediante o pagamento de cinco dólares por semana, para que eles tomem conta da pequena.

– Vou voltar todos os sábados, – promete ao bebê. – Todos os sábados, Norma Jeane. Ficarei para dormir, e teremos dois dias inteiros para nós. E quando eu tiver dinheiro suficiente, vou comprar uma casa onde só nós duas vamos morar. Com móveis brancos, cortinas brancas, um piano branco. E mais nada nos separará. Nunca mais vamos nos deixar.

Pois o instinto materno se acende de tempos em tempos em Gladys como uma fogueira mal apagada. Manifesta-se por ondas violentas, turbilhão de desejo e de culpa, e se aplaca tão depressa quanto surgiu. Gladys daria sua vida por Norma Jeane. Essa história de casa, ela acredita firmemente. No espaço de alguns minutos, somente. Um instante depois, ela já a soterrou com outras miragens e só pensa nas noitadas com seus amigos de Hollywood. Pulou um sábado sem se dar conta. Pena, no sábado seguinte ela tem um compromisso à noite. Então faz só uma ida e volta, chega à casa dos Bolender esbaforida, com um presente ou dois embrulhados às pressas, os cabelos ruivos cuidadosamente penteados, a última tendência, pega desajeitadamente o pequeno pacote de carne cor-de-rosa que Ida lhe estende, deposita um beijo frio e seco em cada uma das bochechas da criança, antes de levá-la para dar um volta, em silêncio.

– Ela está comendo bem?

– Está.

– Ela está dormindo bem?

– Está.

Norma Jeane é uma menininha fácil. Nunca fica doente, é bastante dócil. Ela cresce sem dizer nada, no meio de várias outras crianças. Na casa dos Bolender, a guarda de crianças é uma curiosa combinação: uma indústria que rende (às vezes eles têm cinco ou seis para tomar conta), tanto quanto um dever moral. O casal, fundamentalista religioso, acha que tem a missão de inculcar em todos os seus pequenos pensionistas as noções essenciais do amor e do pecado, da virtude e do vício, assim como regras de comportamento. Missa todos os domingos. Gladys, que se pinta um pouco demais para o gosto deles, fuma como uma chaminé e anda com pessoas mais ou menos de má vida, não dá à filha o melhor dos exemplos. Felizmente eles estão ali para vigiar o grão e manter no caminho certo Norma Jeane, maleável como uma massa mole, poço sem fundo pronto a acolher cascatas de homilias e beatitudes. Com severidade, rigor. A ternura deve ser medida, distribuída com parcimônia. A ternura não está longe de fazer parte das fraquezas humanas. É preciso desconfiar dela como da peste. Ou da loucura.

No entretempo, Della Monroe retorna. Sozinha. O marido, de quem ela foi seguir a pista até os confins onde ele se refugiou, não quis conversa. Mandou-a para o inferno. E, portanto, ela voltou para Hawthorne, Rhode Island Avenue, no seu prédio em frente ao dos Bolender, arrasada, humilhada. O álcool, que ela bebe em doses cada vez mais pesadas, e os sermões de Aimee Simple McPherson a mantêm à tona com dificuldade. Em suspenso. Durante uma calmaria, descobre que tem uma neta. O que faz essa criança na casa dos Bolender? Uma descendente de James Monroe (quinto presidente dos

Estados Unidos, 1817-1825), como ela gosta de imaginar, nas mãos desse casal mesquinho e tristonho que, sob uma capa de caridade, vai enchendo os bolsos! E por que Gladys não confiou a ela a guarda da menina? Della está consternada. Apresenta-se na mesma hora na casa dos vizinhos para exigir Norma Jeane. Wayne e Ida Bolender ficam aborrecidos. Gladys de fato não lhes deixou nenhuma instrução sobre isso, de todo modo ela não aparece com frequência e, para dizer a verdade, eles não têm certeza de que ela seja uma pessoa cautelosa. Quanto a Della, eles têm uma opinião própria a seu respeito, e não ficam nem um pouco seguros quando a veem levar a pobre criança para casa, soltando miadinhos como uma gata, ciciando bobagens, infantil até o ridículo. Como se ela quisesse brincar de boneca. Uma tarde, depois de algumas horas passadas com a avó, eles notaram alguma coisa na pequena. Impossível dizer o que, mas algo próximo do terror. Vermelha, ela tosse, vomita, tem o sono agitado. A velha deve ter feito alguma maldade com Norma Jeane, não há outra explicação. É uma histérica, alcoólatra ainda por cima. Representa um verdadeiro perigo para a criança. Não deve mais revê-la.

Wayne Bolender proíbe o acesso de sua casa a Della Monroe. Mal teve tempo de instalar barricadas nas portas e janelas e ela se precipita para sua casa berrando, misturando vociferações incoerentes e súplicas. Soca a porta, arrebenta as unhas contra as paredes, escarnece, lança pontapés inúteis, começa a arrancar os cabelos e a tirar a roupa. De sua garganta cansada, de seu corpo gasto, tudo sai em grandes jorros; não há nada a fazer para controlar aquele fluxo que vem de muito longe, de um lugar muito profundo. Das construções em volta, alguém dá o alerta. Na casa dos Bolender, Ida aperta as mãos sobre as orelhas de Norma Jeane para impedi-la de ouvir a avó gritar seu nome com uma imploração ameaçadora. Através das grades das janelas, veem-se logo em seguida os enfermeiros segurando Della. Eles assistem ao derradeiro combate impotente da infeliz, às gargalhadas assustadoras que se sucedem às imprecações, escutam uma última vez as maldições que ela lança contra eles, contra a Terra inteira e contra Norma Jeane.

O silêncio se reinstala confortavelmente entre os prédios, alguma coisa próxima da normalidade paira como uma bolha sobre os loteamentos de Hawthorne. Della Monroe morre pouco mais de um mês depois no hospital psiquiátrico de Norwalk, durante uma crise de demência. Norma Jeane cresce e abre seus olhos azuis assustados sobre o mundo que a cerca. Há outras crianças, algumas têm direito de chamar o homem e a mulher da casa de papai e mamãe. Não ela. Ela não sabe por quê. Ida e ele, contudo, repetiram muitas vezes:

– Sua mãe é a mulher ruiva que vem buscar você aos sábados para dar um passeio.

Norma Jeane não ouve. Ela quer beijos, afagos. Não é nem o estilo da casa nem o de Gladys, que durante suas visitas arrasta a filha para cá e para lá sem saber muito bem o que fazer com ela.

– Sente aqui, vamos dar uma volta de automóvel, Norma Jeane. Vamos à praia. Uns amigos meus também vão. E principalmente não fale, estou com dor de cabeça. Não suporto grito de criança.

Ou então, no seu apartamento de Hollywood:

– Não se mexa, fique quieta. Estou esperando alguém.

A menininha se refugia em um canto, olha as fotos de artistas na parede, se introduz, muda, entre os cabides, os vestidos do armário. Um beijo rápido na volta. Gladys tem um encontro, tem medo de se atrasar; despenteada, deposita Norma Jeane diante da porta, não tem tempo de descer do carro, vai voltar, promete, vai voltar.

– Até logo – murmura a menininha à bela dama de tailleur que nunca sorri, sem nada compreender da falta de amor que a cerca em toda parte. Contudo, o amor deve existir, uma vez que na missa, aos domingos, só se fala disso.

Em 1933, dá-se a queda.

Gladys Baker fica sabendo pouco a pouco do suicídio de seu avô materno e da morte de seu filho, Jackie, que ela nunca mais reviu. O menino teria sucumbido depois de uma infecção tuberculosa provocada por maus-tratos. Jackie, visivelmente, com frequência era vítima de "má sorte". Ele tinha dezesseis anos. Gladys desmorona. Sentimento de culpa, impotência. Nela, o germe do delírio de perseguição começa a adquirir raízes. Seu filho, seu primeiro filho, seu único menino. Revê Jackie bebê, imagina o belo rapaz que ele se tornara, que se tornaria. Tudo se mistura dentro da sua cabeça. Ela se sente indigna. Talvez tenha chegado a hora de parar a má vida. Não é uma boa mãe. Deus quis lhe mandar um recado. A morte de Jackie é uma advertência. Talvez não seja tarde demais para expiar, a redenção é sempre possível: o que ela falhou com seus dois primeiros filhos irá recuperar com Norma Jeane. Não, a loucura não é hereditária. O véu que oscila diante dos olhos de Gladys adensa-se imperceptivelmente. Seu comportamento se altera. Agora ela também se embebe em ciência cristã, trabalha duas vezes mais para conseguir fechar seu orçamento, num clima econômico cada dia mais insustentável, obrigada às vezes a passar por cima de piquetes de greve para alcançar o estúdio de montagem. De dia, está em tempo integral na Columbia. À noite, na RKO. Sua única obsessão de agora em diante: comprar uma casa para Norma Jeane e ela.

– Isto não está certo – repete sua amiga Grace. – Você vai se endividar até o pescoço. A situação não é favorável.

– Vou comprar a casa – monologa Gladys. – Devo isso à minha filha. Na nossa casa estaremos protegidas. Ninguém poderá vir a nos fazer mal.

No dia 20 de outubro de 1934, Gladys e Norma Jeane se mudam para uma bonita casinha, no número 6812 da Arbol Drive, em Hollywood. Gladys compra móveis brancos e manda entregar um piano de cauda (branco também) para Norma Jeane. Uma loucura. Pela primeira vez na existência, Gladys está feliz, seus atos estão conforme com seus sonhos (ou o inverso); dona da própria vida, experimenta uma maravilhosa sensação de poder. Ao mesmo tempo, entra inteiramente em pânico. O dinheiro lhe escorre entre os dedos, evapora-se nas teclas do piano de cauda, mesmo estragado, mesmo usado, nas cadeiras, nas cortinas, nas camas. Em pânico, acredita que indivíduos hostis vão irromper na casa dela para levar tudo embora. Então mergulha seu terror na embriaguez e nas noitadas. Talvez sinta que tudo será efêmero. Quase todas as noites organiza jantares dentro de suas novas paredes, enrosca-se nos braços dos homens e depois se impõe mortificações, para expiar.

E Norma Jeane ali no meio, comprida e magra, menininha silenciosa, clarinha, fundida no cenário, com seus cabelos que escureceram, agora castanhos, os grandes olhos azuis, no meio da espessa fumaça de cigarro e dos vapores de álcool, dos risos, das canções. Vai para a cama tarde, tarde demais. Acorda para ficar à espreita, no terraço, pequena vigia solene, postada ali para defender a mãe. Norma Jeane tem oito anos. Nem sempre capta muito bem a agitação que ocorre em torno dela, percebe apenas tensões subterrâneas, ameaçadoras. É uma criança séria para a idade. Obediente. Faz como lhe dizem. Ela deixou o austero lar dos Bolender sem sequer um aperto no coração. Não se ligar, jamais. O que ela era para eles senão uma fonte de renda? Agora existe uma pessoa a quem tem permissão de chamar de mamãe todos os dias, se ela quiser. Nada pode ser melhor do que isso. Norma Jeane queria que a mamãe tivesse orgulho dela, pois a mamãe é corajosa, luta para que elas possam viver naquela bonita casa. Sim, sua mamãe é maravilhosa, ela leva uma vida dura, é por isso que não sorri muito, que não suporta que Norma Jeane faça barulho, é preciso compreendê-la. Porque ela é completamente só. De fato, o pai de Norma Jeane não está lá, é um ator famoso, um caubói, uma coisa assim, um belo homem moreno de bigode elegante, ela viu a foto dele. É preciso não aborrecer mamãe, não a contrariar. Pois a vida tem sido difícil para ela. Às vezes, ela até fala sozinha balançando a cabeça de maneira estranha. Sua pobre cabeça que tanto dói.

Alguma coisa vai se quebrar. A fragilidade da mãe não escapa a Norma Jeane, assim como a felicidade das duas (pois a felicidade certamente é isso, uma casa branca, uma mamãe, um jardinzinho). Mas fazer o quê? A menininha gostaria de apertar com força nos braços o corpo ossudo de Gladys, protegê-la com seu próprio corpinho. Dos malvados.

Degradação

Agora, há o que Marilyn proclamou de todas as maneiras diante de coortes de jornalistas. O que ela disse e o que ela não disse. Há o que a divina ilusão de strass e lantejoulas precisou confessar um dia para atribuir-se uma constância. Um corpo que sofre é um corpo que existe.

A história transcorre assim: perseguida por dívidas, acuada ao extremo, poucas semanas depois da compra da casinha na Arbol Drive, Gladys Baker se vê obrigada a aceitar locatários. A angústia a segura pelo pescoço e, mesmo acumulando horas no estúdio, não consegue se livrar. Endividada, ainda e sempre. Em algum lugar, na vida de Gladys, existe um credor esperando a vez. Então ela tem de partir o sonho em dois e colocar o segundo andar da casa à disposição de um casal de atores ingleses, Murray Kinnel e a mulher. Rapidamente percebe, relatará sua amiga Grace McKee, que "mr. e mrs. Kinnel não se comportam bem com Norma Jeane".[1] Quase vinte anos depois, em 1953, Marilyn Monroe se lembrará de um mr. Kimmel que a faz entrar no quarto, fecha a porta atrás dela e lhe pede para ser boazinha. Alguns minutos mais tarde, suja, envergonhada, horrorizada, ela tenta falar com a "tia", que lhe responde com um tapa na cara e a chama de mentirosa. Elegante, bem-vestido, mr. Kimmel (ou Kinnel) desce em seguida, passa uma mão nos cabelos dela e lhe dá uma moeda para que ela vá comprar um bombom. A menina gagueja, fecha-se na solidão e na incompreensão. A gagueira não a deixará mais.

Com relação a esses fatos, como sempre, é impossível estabelecer a verdade em seus menores detalhes. Não é essencial. Qual a definição de um estupro? O primeiro marido de Marilyn, Jim Dougherty, afirmará que ela era virgem quando se casou com ele. Contudo, num dia do outono de 1934, a pequena Norma Jeane, filha de Gladys, foi realmente agarrada, asfixiada outra vez. Tocada, vasculhada no que há de mais secreto no corpo por um homem respeitável, respeitado por todos e admirado por sua mãe, ela não compreende o que está acontecendo e vê desabar em torno de si a ordem estabelecida (a dos sermões, dos discursos evangélicos, do bem e do mal). Titubeante, pensa em encontrar refúgio nos braços da "tia", que não é outra senão sua mãe, bem entendido, e sofre então a segunda ferida, talvez mais íntima ainda, mais profunda do que a primeira ofensa. A adulta amada não a defende, não a consola. Ao contrário, ela a repele e acusa. É a mais assustadora das injustiças, a mais escandalosa e mais inútil, pois no fundo Gladys deve saber que Norma Jeane não está mentindo. E Norma Jeane sabe que ela sabe. Mas ela é prisioneira do seu sonho. Não quer admitir sua incapacidade de proteger a filha, como foi incapaz de socorrer o filho. Uma segunda vez. O que é uma mãe que não protege os filhos? Ela só pode declarar sua inadaptação total ao mundo e ir embora, livrar-se finalmente de qualquer responsabilidade. Aceleração dos distúrbios mentais, crises, declaração de incapacidade e internamento definitivo em dezembro de 1934. Uma manhã, Norma Jeane ouve gritos de pavor, seguidos de risos de escárnio na cozinha. Gladys soltou as amarras, partiu para um país que só ela conhece. Enfermeiros a prendem numa maca. A ambulância vai embora.

A demência talvez seja uma forma disfarçada e menos dolorosa de culpa. É a vez de Gladys Baker sair da história. O sonho da casa branca terá durado três meses.

Norma Jeane, desta vez, estava bem morta. O que restava era só uma menininha ferida, roída por remorsos, absolutamente sozinha sobre a terra. E doravante gaga. Teria feito algo errado? Teria entregue a mãe aos enfermeiros do asilo? Ela se encontrava sem família, pertencendo já ao mundo. Seu corpo, daqui para a frente pasto público, se preparava em surdina para fazer a revanche. Ela ainda ignorava.

Degradação original que constrói e desconstrói ao mesmo tempo. O corpo violado de Norma Jeane despacha a mãe para o asilo e ela para o orfanato. É a queda irremediável do alto de uma colina que não se torna a subir, no instante em que tudo vacila, em que Norma Jeane Mortensen, filha de Gladys Baker, morre aos olhos da sociedade, é despojada de sua identidade original. A partir de então, será de fato preciso adotar outra.

Marilyn Monroe começara a tomar forma entre os dedos viciosos de um ator inglês de segunda categoria.

Nº 3463

Estando Gladys internada, sua amiga Grace McKee se torna a tutora legal de Norma Jeane. A pequena está em estado de choque, balbucia frases incoerentes, surpreende conversas entre adultos cochichadas não longe dela: "Problemas mentais". "De família." "Vai acabar como as outras." Ela treme ante a ideia de enfermeiros chegando e a segurando no dia em que começar a berrar e a rir sozinha. Porque necessariamente vai chegar o dia em que, como Della, como Gladys... Ela tenta se aconchegar na tia Grace, substituta da mãe desaparecida, falsa loura que sonha com outras coisas e não torce a cara para uma bebida de vez em quando. Ela gostaria de não se mexer, de não escutar nada, só de olhar o tempo passar ao longe, atrás das janelas, protegida, crescer em silêncio à espera da hora da revanche, não se sentir perseguida por medos de uma outra época, mas deslumbrada por ilusões de menina. O problema é que Grace McKee se apaixonou. No dia 17 de agosto de 1935, ela se casa com um texano sem um tostão, "Doc" Goddard. Embora não confesse, Norma Jeane a estorva. Ela não tem condição de criar uma criança que não é sua. No entanto, ela adora a menina, faria qualquer coisa por ela, priva-se de comer para alimentá-la, levá-la ao cinema. Pois o cinema, evidentemente, é bem mais bonito do que a vida.

Enredada em um tecido de contradições, leal em relação a Gladys mas submissa ao marido alcoólatra, frequentemente se entregando à bebida ela também, Grace Goddard opta pelo pior. Em 13 de setembro de 1935, ela empacota sem dizer nada os pobres pertences de Norma Jeane. Seu rosto está fechado, lágrimas correm de vez em quando por suas bochechas, quase sem querer. Ela a manda entrar no seu carro. E andam, sem uma palavra, até o automóvel parar diante de uma construção vermelha:

– É aí que você vai morar agora – diz tia Grace. – Só por algum tempo. Você compreende, nós não temos dinheiro suficiente, Doc e eu, estamos atravessando um período difícil, não posso cuidar de você no momento. Você vai ficar melhor aqui. Venho visitá-la todos os sábados, enquanto espero as coisas melhorarem. Então você voltará para casa. Não se preocupe. Pode sair daqui quando quiser. Não é uma prisão.

A menina não compreende. Pensa que está sendo levada para uma nova família de acolhida. Outros Bolender, com novos rostos, novos ritos, novas paredes. Mas a casa é grande demais para ser um só lar. Então talvez se trate de um pensionato, alguma coisa assim. Essa dor brutal na barriga, em toda parte, essa sensação de não poder mais respirar. De repente, ela vê a inscrição, e dessa vez tem impressão muito clara de que estão lhe esmagando outra vez um travesseiro na cara: "Orfanato".

Então a criança berrou, berrou – um engano, só pode ser um engano, ela não é órfã uma vez que tem uma mãe, sua mãe se chama Gladys e é boa e doce e corajosa, comprou para ela uma casa branca com um piano (branco também) e um jardim. Vieram pessoas para dominá-la. Inspetores, provavelmente.

– Eu vou voltar – soluçou a voz da tia Grace se afastando.

Ela não se rebelará. Mas a partir de então não dormirá mais à noite, perseguida por pesadelos, despertando suada por causa de terrores indizíveis, secretos, que nunca mais a deixarão e contra os quais, mais tarde, ela tentará todos os recursos, esgotará todas as penitências. Ela não se rebelará, mas não recuperará mais o fluxo normal da fala, suas palavras passarão a tropeçar sem parar contra essa bola que ficou atravessada na garganta no dia em que dedos estranhos se introduziram no seu corpo de criança e lhe tiraram a mãe. Ela não dirá nada, não se queixará jamais. Da janela do dormitório, ela observa sem uma palavra, não muito longe, o letreiro brilhante da RKO luzir dentro da noite. Onde estará sua mãe? O que aconteceu? Continua sem saber, certa de carregar alguma responsabilidade e por isto estar pagando o preço. Não é uma criança como as outras – é sua única certeza. Tem duas saias plissadas azuis e dois vestidos brancos idênticos. É tudo. Na escola, os alunos saídos do orfanato são mostrados com o dedo pelos outros, insultados, zombados, chamados de mendigos. Norma Jeane não tem amigos. Ela nunca é convidada. Assimila tudo, em silêncio. Seus olhos se iluminam somente quando Grace vem buscá-la. Para esquecer os dias imutáveis, ela a leva para as lojas e para ver filmes, movimento, luz, ela a veste, pinta seu rosto, eufórica, arrasta-a para os seus delírios.

– Você é tão bonita, Norma Jeane. Fora o seu nariz, você é perfeita. Um dia você vai ser uma grande artista de cinema, a maior atriz de todos os tempos. Diga, o que você vai ser mais tarde?

– Uma grande artista de cinema.

Fora ela, contudo, ninguém percebe na menina magrela e muito alta para a idade o menor sinal distintivo. O que é, pois, Norma Jeane, senão alguns quilos de carne e ossos carregados de um lado para o outro que tia Grace, atormentada pela culpa, se esforça para acomodar no meio das suas relações? Primos, tias, vagos parentes dos Goddard são de fato chamados para vir em socorro e recebem, uns depois dos outros, propostas de guarda de Norma Jeane. A garota vale cinco dólares por semana, é sempre um dinheirinho e melhor do que o orfanato, desculpa-se Grace. Norma Jeane não tem opinião sobre a questão. Pelo menos, ninguém lhe pergunta.

Durante cerca de dois anos, ela é, assim, permanentemente deslocada de um endereço para outro. A menina de cinco dólares é sempre a última que chegou, a última a se servir. Sua vez é depois das outras crianças, depois de todo mundo, não tem um quarto seu. Não tem pequenas economias. (Marilyn Monroe relatará que, nessa época, às vezes tomava o banho semanal dentro de uma água que já servira a uma família inteira.) Afeto também não, nem ternura. Subsiste apenas um arranjo decidido entre adultos e imposto à menina. Mal Norma Jeane se acostuma com novas regras, com as manias de seus anfitriões, já tem de fazer as malas. Direção: uma nova casa ou um breve retorno ao orfanato. De fato, Norma Jeane nunca é alojada por muito tempo numa família. De três semanas a alguns meses. Dá para acreditar que a menina dócil tenha sido tão dócil assim? Que não tenha manifestado, às vezes, alguma resistência? Puxado o cabelo das crianças legítimas? Roubado um brinquedo? Norma Jeane só sonha com uma coisa: voltar para a casa de Grace, que constitui sua única família verdadeira, que a faz lembrar de Gladys e a faz descobrir os filmes de Jean Harlow e Clark Gable. A loura Jean é, aos olhos da menina, a encarnação de um esplendor fantasiado por sua mãe, a mãe ideal, a mulher que ela ainda vai ser, emanação de um poder radiante. Quanto ao belo Gable, ele faz Norma Jeane lembrar da fotografia de um homem que ela viu um dia na casa da mãe, há muito tempo. A criança gosta de acreditar que o ator magnífico é o homem da foto. A mocinha que está prestes a despontar agarra-se à ideia de que Rhett Butler não é outro senão seu verdadeiro pai. Do lado de sua mãe, nenhuma ilusão é doravante permitida. Grace terminou dizendo a verdade a Norma Jeane. Elas chegaram a almoçar com Gladys. A antiga montadora da RKO, que emagrece a cada dia, declarada "incapaz" em janeiro de 1935, realmente levantou a âncora sem esperança de retorno. Permanece silenciosa, não reconhece nem a filha, nem a amiga, esquece instantaneamente o que foi dito no minuto precedente. Gladys Baker nada mais é do que um invólucro descarnado, uma aparição. Na verdade, mesmo a própria Norma Jeane não a reconhece. Em suma, ela prefere as fantasias na grande tela, fortes e protetoras, invencíveis e bem mais bonitas do que os rostos apagados do orfanato ou de parentes de uma noite. A realidade, feia demais, merece verdadeiramente ser reinventada. Docemente, o cinema constitui a família que ela escolheu para si em silêncio.

Com doze anos, Norma Jeane é uma menina alta desengonçada, magra como um prego. Já está medindo um metro e 62, é bem mais alta do que a média das crianças da sua idade. Impressão de altura reforçada pela esbelteza de sua silhueta famélica: uma verdadeira tábua de pão. Com sua saia plissada e seu vestido branco. Invariavelmente. Os outros alunos a apelidaram de “Fava humana”, um trocadilho fônico com seu nome (Norma Jeane, *the Human Bean*). Ela nada retruca. Não é tão grave ser motivo de chacota dos outros. É melhor do que ser invisível.

Agora ela está morando na Nebraska Avenue, na parte oeste de Los Angeles, na casa de uma tia por aliança de Grace Goddard, Ana Lower, solteirona de 58 anos, também fervorosa adepta da seita evangélica da irmã Aimee Simple McPherson. Entre ela e a criança que nunca conheceu a ternura o contato é imediato. Ana Lower sente uma afeição real por Norma Jeane, que retribui da mesma maneira. Pela primeira vez, os olhos de alguém pousam sobre ela com uma doçura amorosa, inédita. Uma sensação calorosa e suave, braços que a envolvem e a protegem. A menina descobre o milagre de um carinho. Tempos de paz, de pausa, concedidos no âmago de uma existência até então violentamente instável. No duplex de Ana Lower, Deus é amor, tudo é amor, e o mal não existe. Norma Jeane aprova, adere totalmente a esses preceitos. O que desde sempre esteve esmagado dentro dela encontra finalmente um caminho de saída. Ela ri, ela canta, ela ama a tia Ana. Subsistem restos de infância que não foram triturados nem pela gravidade, nem pelo sofrimento, nem pelos dedos de mr. Kimmel, farrapos de inocência intactos. Pouco importam os três quilômetros que ela precisa percorrer todos os dias, de ida e de volta, a pé, para chegar à Emerson Junior School, enquanto seus colegas passam por ela de ônibus. Norma Jeane, saltitante e pontual, não falta um dia de aula. Claro, ela é tímida, desajeitada. O medo de gaguejar em público a condena na maioria das vezes a não dar uma palavra. E quando ela fala, quando ousa de repente sair de si mesma e chamar a atenção, ela diz tamanhos disparates (“Meu pai é Clark Gable”; “Eu sou descendente do presidente Monroe”; “Meu bisavô deu um tiro na boca”) que os outros se perguntam se ela não seria meio perturbada. Boazinha, mas ligeiramente amalucada. Então ela sorri. Com seus cabelos ondulados de um castanho puxando para o ruivo e sua sempiterna roupa de pobre. A maior parte do tempo, “a

Fava humana" é uma aluna tão apagada que poderia quase desaparecer. Os olhares não permanecem muito tempo sobre ela, é como se não a vissem. A garota é de dar pena.

E, no entanto, Norma Jeane gostaria que olhassem para ela, que a notassem. Norma Jeane anseia por ser o centro de interesse de todo mundo. A criança por muito tempo diluída em diferentes cenários, elemento em meio a outros, sem identidade nem lugar verdadeiro, sente naquele momento, no fundo de si mesma, uma necessidade furiosa de ser vista. Que lhe deem importância, consistência. Norma Jeane quer a carne. Entrega-se aos sonhos que fazem da realidade simples trampolim para um outro lugar mais glorioso. A realidade, de todo modo, não existe verdadeiramente. É uma produção do espírito, como o mal, tia Ana lhe garantiu. Norma Jeane imagina-se em lugares, como por exemplo a igreja que ela frequenta com Ana Lower aos domingos, cheios de uma grande multidão. Enquanto retumbam os coros e os órgãos, quando são entoados maravilhosos cânticos, ela avança no meio de todos, inteiramente nua, pura e branca, e sobre sua pele formiga cada um das centenas de olhares fixados nela.

Os professores acham que Norma Jeane é uma aluna agradável mas distraída, incapaz de se concentrar, imaginativa e sonhadora. Pois a menina que têm diante deles, afundada na carteira, com os olhos azuis perdidos no vazio, não está de fato ali. Na sala de aula permanece somente um envoltório pronto para ser pulverizado. Uma crisálida. Naquele momento, ninguém ainda sabe, salvo ela. Ela que, de noite, no quarto, tira toda a roupa para se contemplar no espelho. Ela que, apavorada, vê sair do próprio corpo comprido e muito magro outra coisa, outra pessoa. Uma outra que é ela e ao mesmo tempo não é ela.

À noite, portanto, de volta à casa, encerrada a refeição, efetuada a prece e depositado um beijo na testa da tia Ana, que lhe dá sua bênção, Norma Jeane corre para o quarto no andar de cima, se despe e examina durante horas aquele corpo que toma posse dela. Ela não se cansa. No começo mal ousa se tocar, como se ele não lhe pertencesse de forma alguma. Pouco a pouco, à medida que se sucedem as noites e as confrontações, tem o sentimento de que começa a domá-lo, ao menos a se habituar com ele. Porém, por ora, ignora o que lhe reserva essa novidade de curvas e saliências cujo segredo só ela conhece. Ela se pergunta se se trata de um fardo ou de um trunfo. Tem apenas a intuição de que vai poder, graças a isso, apagar o número 3463 do orfanato e se revelar princesa aos olhos do mundo. Como nos contos. Mas trata-se apenas de uma intuição, e ela não sabe o que deve fazer. Mas compete a ela?

Então ela aguarda, dobrando e recolhendo sob a velha saia e o vestido gasto as asas de cisne que começam a crescer.

Anamorfose

E um dia ela renasce. Ou nasce finalmente. Vê o dia, o dia a vê, surge na luz como uma evidência e ofusca tudo de repente, ao passar.

Um dia, na Emerson Junior High School, Norma Jeane percebe que seu vestido velhinho se rasgou. Para socorrê-la, uma colega lhe empresta um suéter que tinha por acaso dentro da bolsa. Envergonhada, Norma Jeane troca de roupa rapidamente no banheiro. Evidentemente, o suéter é muito pequeno, pois Norma Jeane é mais alta do que as outras, foi justamente por causa disso que a apelidaram de Fava de feijão. Volta rapidamente para a sala de aula, com os contornos do corpo bem marcados por aquela roupa improvisada. "Quando fui me sentar no meu lugar, todo mundo me olhou como se eu tivesse subitamente crescido umas duas cabeças, o que era verdade, de certo modo."[1] No final da aula, todos os meninos a cercaram e brigaram para acompanhá-la até sua casa. Não existe mais nenhuma outra garota. Só há ela, no centro de tudo. Ela, surpresa e trêmula, secretamente contente.

Naquele dia, alguém nascia nela. Alguém morria também. Quem – o bebê sufocado sob um travesseiro ou a criança violada sob os olhos da mãe – respirava ainda em Norma Jeane?

A "*Mmmmmmmmm Girl*"

Por muito tempo invisível aos olhos do outro, Norma Jeane percebe instantaneamente a revanche social que ela pode adotar graças a essa outra ela mesma que atrai todos os olhares. Pouco a pouco descobre como convocá-la à vontade e servir-se dela da melhor maneira possível. Aprende a se maquiar, troca definitivamente seu velho uniforme de colégio por roupas justas que toma emprestado de colegas de classe bem menos fornidas do que ela, trabalha o modo de andar de forma a torná-lo ondulante e pontua todas as suas frases com um som de garganta provocante, *mmmmmmmmmmmm*, com uns toques à Jean Harlow. Até a gagueira se torna uma marca de fábrica. Entenda-se bem: é tudo menos natural, é extravagante, exageradamente provocador, não distante do ridículo. Mas a encenação funciona todas as vezes. Em todas as vezes o efeito é devastador: as conversas cessam em um piscar de olhos; para ela se voltam os rostos, masculinos e femininos, onde se leem sentimentos que, por ora, a adolescente ainda não identifica muito bem mas que convergem na sua direção com violência. Então, por que ela se privaria? Por que recusaria esse triunfo sobre um mundo que tanto procurou riscá-la do mapa?

Norma Jeane exulta. Olham para ela, assobiam para ela, é apontada com o dedo. Recentemente, ao atravessar a praia onde foi passar a tarde com amigos, dentro de um biquíni três números menor, quase teve uma vertigem de tanto que o silêncio de repente se tornou ensurdecedor em torno dela, de tanto que se deu conta de como seu poder era imenso, bem maior do que avaliara. Até onde ele iria? Os rapazes, em todo caso, brigam para sair com ela, convidá-la para o baile. Finalmente, Norma Jeane tem a sensação de estar viva. E os que a tomam por uma pequena desavergonhada, uma sedutora impudente, manipuladora e sem escrúpulo, caem na armadilha grosseira que ela lhes preparou para mascarar todo o resto: desespero, solidão, sentimento de abandono, ruptura irreparável. Eles não se aventuram além da armadura de carne e sorrisos que ela ergueu entre o mundo e si mesma. Ela está encantada. Seu pedido de socorro foi bem ouvido.

Testemunha privilegiada, Ana Lower assiste à transformação de sua protegida. Ela não interfere. A pobre criança que sofreu tanta falta de amor parece tão feliz agora que tem amigos e se diverte um pouco. Mas ela se preocupa com a modificação, pois conhece a fragilidade de Norma Jeane e não se deixa enganar pela segurança que ela aparenta. Vê os pretendentes rodopiando como moscas em volta da sua casa, surpreende o olhar dos homens sobre as curvas da sua pupila. E ela, ela sabe o que esse olhar significa. Ela tem medo, tanto mais que sua saúde está se degradando. Dentro em breve, ela teme, não poderá mais ficar com Norma Jeane em casa, protegê-la, oferecer-lhe um refúgio. O que vai acontecer com a menina? Terá de voltar para o orfanato? Norma Jeane só tem treze anos, mesmo que em certos dias pareça ter dezoito. Tia Ana não está errada em temer. O que está em vias de se produzir em Norma Jeane escapa de fato a todo controle, em primeiro lugar ao seu. Uma surpreendente combinação, pueril e sensual, doce e inflexível. Às vezes intransigente, Norma Jeane é sujeita a alterações de humor. Acontece-lhe ter crises de raiva ou um capricho como uma criança de quatro anos. De seus acompanhantes de uma noite ela sabe obter tudo o que quer. Eles, inversamente, logo compreendem que têm de dar um passo atrás. Além de um certo limite, o corpo de Norma Jeane não é visitável. Mesmo que algumas mãos tenham sido autorizadas a se aventurar um pouco sobre sua pele, nenhuma outra coisa puderam extorquir. Norma Jeane dirige e manipula suas novas armas com uma grande prudência. Será que ela se diverte com a emoção que produz nos rapazes que a abraçam? Será que é totalmente indiferente a isso? Talvez não sinta nada quando dedos exploram seus territórios, a não ser o grande poder, o enorme poder que ela então detém.

Na primavera de 1941, Ana Lower se vê obrigada, contra a vontade, a se separar da menina. Está sofrendo de uma doença do coração que tornou o fardo pesado demais para carregar. Para Norma Jeane, que dentro em breve completará quinze anos, é uma catástrofe. Reviver mais uma vez o rompimento de uma separação, um novo desenraizamento. E ir para onde? Sem família de acolhida, ela é legalmente obrigada a retornar ao orfanato, até completar dezoito anos. Felizmente, Grace Goddard intervém. Não lhe passa pela cabeça, dessa vez, abandonar a filha de Gladys. Vão se apertar como puderem, mas Norma Jeane terá um lugar na casa deles de Archwood Street, em Van Nuys. Para seu grande alívio, Norma Jeane volta para o lar dos Goddard. Doc tem uma filha da mesma idade que ela, e as duas se entendem maravilhosamente. Na casinha com jardim, Norma Jeane se sente bem. Acomodou seus pertences, arranjou uma irmã, brinca com o cachorro, reencontrou o piano branco da mãe bem como todos os móveis que lhe pertencem, de agora em diante, na casa de Grace. O colégio fica um pouco mais longe, mas isso não é problema, Norma Jeane tem energia para dar e vender, e não faltam pretendentes para acompanhá-la, nos quais de resto ela não parece ter muito interesse. Ela se diverte, avalia sua sedução, descobre pouco a pouco um mundo novo onde pressente que terá mais tarde um papel capital a desempenhar. Tudo roça nela sem a tocar. Está entrincheirada por trás de uma muralha de curvas e caretas sugestivas. Cada dia ganho contra o orfanato é uma vitória.

Norma Jeane está pronta para qualquer coisa para não ter de voltar a ser um número.

Contudo, a felicidade, a segurança parecem sempre querer lhe escapar. Tão logo uma casa se constrói em torno dela, tão logo ela consegue cavar um lugar, as paredes desabam. É uma regra infalível. "Alguma coisa" a acossa para retomar sistematicamente o que ela mal chega a possuir. Ela parece condenada à errância perpétua, à impossibilidade de ancorar em um porto de refúgio. Partir sem cessar. Ser arrancada das pessoas que ela ama e que a amam. Em janeiro de 1942, Doc Goddard aceita um trabalho na Costa Leste. A família inteira se prepara para se mudar. Inteira? Norma Jeane não fará parte da viagem. Não há lugar, não há dinheiro para ela. Norma Jeane é como um móvel que atravanca, que não se sabe onde colocar. Está ali há menos de um ano e já tem de fazer as malas, empacotar seus pobres pertences e ir pedir asilo em outro canto. Onde? É esse o problema. Norma Jeane chora. Não quer voltar para o orfanato. Chora porque gostaria de pertencer a alguém por um pouco mais do que dois meses, e não ficar entregue a si mesma tão selvagemente. Ela chora, reclama amor. Tudo nela é um apelo à adoção.

É então que Grace Goddard e Ana Lower têm a mesma ideia. Para salvar Norma Jeane do orfanato e, ao mesmo tempo, se livrar de uma vez por todas do fardo, existe uma solução: casá-la. Pura e simplesmente. Assim, ela se tornaria legalmente encargo do marido e todos seriam beneficiados, ficando com a consciência tranquila. As duas mulheres têm até mesmo um candidato. Expuseram o caso à vizinha dos Goddard, Ethel Dougherty, cujo filho Jim, de vinte anos, solteiro, trabalha em uma fábrica próxima. Norma Jeane e ele se dão bem, saem juntos com frequência. Ele a leva regularmente ao colégio de carro. Jim, visivelmente, tem uma certa queda por ela. Por que ele não se casaria? Ethel Dougherty não vê objeção. Norma Jeane é uma mocinha bem feita, doce e afetuosa. De mais a mais, é fazer uma obra de caridade. O inconveniente é a idade dela. A mocinha, de fato, tem somente quinze anos e meio. O que fazer enquanto se aguarda o próximo aniversário de Norma Jeane em junho? Os Goddard têm de partir. Uma vez que se trata apenas de uns poucos meses, tia Ana consente em voltar a receber a moça em casa, a fim de lhe permitir ao menos completar o ano escolar e se preparar para a vida conjugal.

Norma Jeane aceita sem hesitar a proposta que lhe submetem. Não que esteja apaixonada por Jim. Mas ele tem, aos olhos de Norma Jeane, dois trunfos consideráveis: belos bigodes que o envelhecem e a fazem lembrar do homem da fotografia vista um dia na casa da mãe, supostamente representando seu pai, e cinco anos a mais do que ela, o que, ela se dá conta, é uma qualidade que aprecia num homem. Que ele seja mais velho do que ela, a proteja, a sustente, a domine. Como um pai. Norma Jeane é aliás bastante clara a esse respeito. Desde que passou a ter Jim como admirador, ela o etiquetou com uma pequena alcunha: Daddy.

Jim Dougherty é um rapaz de rosto risonho, altura média, tem cabelos castanhos e orelhas descoladas. Olhos miúdos, muito azuis, parecendo afundados nas órbitas, a pele ligeiramente avermelhada, vulnerável ao sol. Um tanto troncudo e musculoso. Passaria facilmente por um irlandês. Claro que ele tem uma queda por Norma Jeane, ela é extremamente sedutora. Desconcertante também. A primeira vez que a viu achou que ela era uma criança. Uma verdadeira garotinha rolando no chão do jardim dos Goddard, com o cachorro deles, cacarejando como uma galinha. Não o incomodou muito servir de motorista para ela e para a filha de Doc Goddard. Era até lisonjeiro. Duas bonequinhas no seu carro, para um operário noturno da fábrica da Lockeed, não era nada mal. Muitos o invejaram. Porém, uma noite em que levou Norma Jeane ao baile, esfregou os olhos para ter certeza de que não estava sonhando. A garota da Assistência Social, a pensionista de seus vizinhos, pouco instruída, provocava estragos. Teria ele a visto bem? Ele a apertara nos braços e sentira que ela não era mais tão criança assim. De repente, parecia ter cinco anos a mais. Ou, mais exatamente, não ter idade. Em torno deles, todos os meninos espreitavam feito lobos. "Era a primeira vez que eu presenciava a experiência do seu sex appeal sobre um grupo importante e devo dizer que fiquei aturdido. Tenho mesmo de admitir que senti um pouco de ciúme... Eu estava com medo", confessará ele mais tarde nas suas memórias.[1] Apertou Norma Jeane um pouco mais contra seu corpo e, na volta, dentro do carro, beijou-a.

Norma Jeane lhe agrada muito. Ela é tão ingênua, tão ignorante. Com uma menina dessas, Jim, que também não sabe grande coisa, tem a ilusão de ser um homem de valor. Norma Jeane o admira e lhe faz perguntas como se ele fosse um poço de ciência. Junto dela, ele infla o peito. Ela tem tamanha sede de saber, não é fácil responder a todas as suas perguntas. Ele se vira como pode, até que não se sai tão mal. Tem a vantagem da idade. Entretanto, quando a mãe lhe sugere casar-se com ela, Jim fica menos entusiasmado. Ele só tem vinte anos e gostaria ainda de se divertir. Gostaria também de consumar alguma coisa, empregar-se em algum lugar. Jim Dougherty tem vagos sonhos de heroísmo e não tem intenção de fabricar bombardeiros a vida inteira para a guerra dos outros. Longe, lá na Europa, a batalha corre solta, os ingleses lutam contra o resto do mundo. Ele está entre os que são a favor de uma intervenção americana. E gostaria muito de participar. E se Norma Jeane se tornar sua esposa? O momento não é bem-vindo. Ele prefere aguardar um pouco.

– Se você não se casar com ela, a pobrezinha vai voltar para o orfanato – adverte sua mãe.

Jim não é um mau rapaz. Apesar de tudo, ele consegue se ver dentro de uma casinha com sua mulher-filha de bonitas tranças, engraçadinha, pulando no seu pescoço para recebê-lo. Há várias semanas ele aperta o corpo lascivo de Norma Jeane contra o seu sem poder apropriar-se dele verdadeiramente, e está também morrendo de desejo. Uma bela mulherzinha com tudo que é preciso onde é preciso, a pele toda fresca, belos seios bem redondos e vontade de aprender, de aprender tudo. É de fato uma ocasião a aproveitar.

– Está bem, eu concordo – ele diz.

Mrs. Dougherty

No dia 19 de junho de 1942, Norma Jeane Mortensen, filha de Gladys Baker e nascida de pai desconhecido, número 3463 no orfanato de Los Angeles, torna-se mrs. Jim Dougherty – mudança de estado civil que ela acolhe com um alívio de sobrevivente. Finalmente um elo durável, a priori, a liga a alguém. Finalmente vão parar de transportá-la de um lugar para outro como um objeto sem valor que ninguém resolve jogar fora. Acabaram-se as famílias de um mês e os desenraizamentos intempestivos. De agora em diante ela é uma mulher casada, uma “mrs.”. Completou dezesseis anos há três semanas.

A recém-casada não para de beijar o marido, de lhe dispensar muitos gestos afetuosos. Isso poderia ser interpretado como amor (e certamente, entre os 25 convidados presentes na celebração, muitos tiveram essa ilusão). É sobretudo, e antes de tudo, gratidão. Norma Jeane é infinitamente grata a Jim Dougherty por tê-la posto sob sua asa. Em outros termos: por tê-la adotado. Acredita ter chegado a bom porto, com a dor dos eternos exilados definitivamente superada. Está resplandecente. Foi Ana Lower quem lhe pagou o vestido. Um vestido simples, ligeiramente evasê e ajustado na cintura, que acentua seu busto muito bonito, terminado por um decote discreto, de tecido muito fino, e um colar. Um véu, fixado por uma presilha, está preso nos seus cabelos. Na fotografia em preto e branco do acontecimento, Norma Jeane tem cabelos castanhos e cacheados, está segurando um buquê de flores brancas. Nos lábios, o sorriso que lhe come o rosto, radiante, devastador, que é visto em todas as fotos da época e que ela parece saber fazer surgir com naturalidade diante de uma objetiva. Nesse dia, contudo, ele está um pouco menos claro, um pouco mais tímido. Norma Jeane experimenta a apreensão nervosa e a excitação inquieta da virgem diante de sua noite de núpcias.

– O que eu devo fazer? – pergunta à tia Ana.

– Jim vai lhe mostrar – ela respondeu pudicamente.

Talvez ela reveja por um instante o rosto ávido de mr. Kimmel ao deslizar as mãos sob seu vestidinho. Ela sorri mesmo assim. Está parecida com um bombom, toda de açúcar. Ao lado dela, Jim Dougherty sem bigode, de calça preta e paletó branco com uma gravatinha borboleta, tem uma aparência tão jovem quanto sua mulher. Ou então é ela que aparenta mais do que a sua idade. Em torno do novo casal, poucos convidados, a maioria do lado do noivo. A noiva, por sua vez, não tem ninguém salvo Ana Lower, que a conduziu ao altar. Brava tia Ana, que Norma Jeane aperta contra o coração. Tem a impressão de lhe dever tudo. Por um momento, o sofrimento toma conta dela: pensa na mãe infeliz trancada no asilo, nos Goddard, na tia Grace sobretudo. Sente a ausência dela como um segundo abandono materno, mas trata rapidamente de varrer esse sentimento. Grace organizou tudo com a mãe de Jim, e coube à tia Ana pagar as despesas da pequena recepção.

A noiva sorri e gagueja, apoia-se no braço firme do marido, que não está pouco orgulhoso exibindo uma prenda tão bonita. No tablado, a orquestra começa a tocar músicas animadas. Aqui e ali, vozes encorajam Norma Jeane a dançar. Dançar? Aquela pobre assustada, tão pouco desembaraçada, com suas maneiras acanhadas e seu ar meio bobo? Norma Jeane não espera que lhe digam duas vezes. Sobe no tablado e se entrega ao ritmo. E então, sob os olhos espantados dos convidados do casamento, ela revela toda sua sensualidade elaborada, repleta de volúpia. Sobre o tablado, a noiva está nua sem saber. Dança com a ingenuidade de seus dezesseis anos, não percebe o mal-estar perplexo que provoca em Jim nem a pupila flamejante dos músicos. Ela dança a festa inteira, a noite inteira. Incansável. Ninguém pode proibi-la. É seu casamento. Diante da cena, Jim Dougherty contempla o que acabou de tomar como esposa, uma menina carente de amor que o chama de Daddy e cujo corpo (de mulher, inegavelmente) parece possuído pelo demônio. Há quem lhe sopre ao ouvido que ele é um sortudo e que não vai se entediar em casa. É uma maneira de considerar o futuro. Mas ele também diz a si mesmo que é muita responsabilidade lhe caindo de repente nas costas, e que não vai ser fácil manter tudo isso sob controle todos os dias.

Jim não está enganado. Em pouco tempo percebe que há em Norma Jeane alguma coisa intangível, insaciável principalmente, que lhe escapará sempre. Em pouco tempo se dá conta de que muitos aspectos ingênuos, infantis e enternecedores da jovem não são senão manifestações exteriores de sua inaptidão ao mundo. Que ela compre uma enciclopédia de todos os ambulantes que batem na porta porque tem sede de cultura e se sinta ignorante, ainda passa. Mas que ela deixe uma vaca entrar na sala para proteger o animal da chuva e por ela estar sozinha no meio do pasto é no fundo mais patético do que engraçado. E Jim não pode falar nada, pois ela cai em lágrimas ou tem um terrível acesso de raiva. Às vezes é mais forte do que ele, e eles discutem de forma violenta. Não é simples. Norma Jeane não sabe cozinhar, não sabe cuidar adequadamente de uma casa nem manter uma conversa. Gosta de dormir, dormir muito durante o dia (dá a impressão de ter anos de sono em atraso), e de passar horas intermináveis escolhendo um vestido quando eles têm de sair à noite, o que deixa os nervos de Jim à flor da pele. O tempo que ela consegue passar dentro do banheiro se enfeitando, se arrumando, não dá para acreditar. Isso o enlouquece. Ele, de todo modo, a prefere sem maquiagem. Claro, há também lados bons. Encontrar de manhã bilhetinhos amorosos de Norma Jeane, ingênuos e comovedores, junto da xícara de café, fazer amor com ela a qualquer hora, em qualquer lugar, pois ela gosta disso – ele relatará – principalmente em lugares extravagantes, em plena natureza, onde corram o maior risco possível de ser descobertos, ou vê-la se enternecer diante do milagre de uma plantinha nascendo, de uma árvore, de um animal. Nesses dias, Jim diz para si que é um homem feliz, poderoso. Sente-se amado, adorado por uma mulherzinha encantadora que muitos lhe invejam, que só tem a ele e que será sempre agradecida ao seu Daddy pelo que ele fez por ela.

E há os outros dias. Mais desagradáveis. Ameaçadores. Quando ele leva Norma Jeane ao baile e todos os homens vêm puxá-la dos seus braços para dançar com ela, quando a ouve rir a noite inteira encostada no corpo dos outros, quando ela desmorona de repente em casa porque ele teve a infelicidade de fazer alguma observação sobre a poeira que se acumulou, ou sobre as ervilhas com cenoura que ela já lhe serviu quatro vezes em três dias. Quando ela chora sem razão ou olha para longe em silêncio como se quisesse ir embora. Quando se ausenta do próprio corpo. Quando se agarra a ele como uma criança no primeiro dia de escola, aperta os braços em torno do seu pescoço suplicando para que nunca a abandone, quando grita que morreria sem ele. Quando ela se metamorfoseia, diante dos olhos dele, em bomba sexual. Nesses dias, é verdade, Jim Dougherty não tem mais muita certeza de ter ganho um bilhete premiado na loteria. Mesmo sendo muito apaixonado por Norma Jeane (cada vez mais, pois ele tem medo), ela o assusta terrivelmente. Não ignora os antecedentes dela. Sua mãe, Ethel, assegurou-lhe, contudo, que ele não tinha nada a temer, mas ele duvida. A perspectiva de uma vida calma ao lado de uma mulherzinha tranquila se afasta. Norma Jeane é extremamente inconstante. Ele nunca sabe como vai encontrá-la duas horas depois de a ter deixado. Toda doçura ou furor. Uma palavra de nada pode desencadear o raio, inexplicavelmente. Nesse estágio, não se trata mais de suscetibilidade. Pois, ao contrário, ela também poderá correr para se aconchegar em seus braços cinco minutos depois. É preocupante. E, para um rapaz de 22 anos, é algo pesado, muito pesado de carregar.

Jim Dougherty se faz perguntas. São muitas perguntas, sobre o comportamento de Norma Jeane com seus vestidos sumários terminando nas coxas, seus decotes profundos, e sobre o dele próprio quando os homens assobiam para a mulher na sua frente e ele se vê forçado a sorrir com orgulho embora por dentro esteja chorando e sofrendo. É a menina abandonada que ele ama e com quem se casou. A que gaguejava timidamente no seu carro e o olhava com seus grandes olhos azuis emocionados. Pela outra, a que rebola os quadris e lança olhares de cima, ele é menos louco. Ela o ultrapassa demais, se estende além de seus limites. Não está à altura dela. Então ele pode perder as estribeiras e quebrar tudo. Pode elevar bastante o tom, bancar o homem e fazer a mulher voltar para casa, dar um murro na mesa, mostrar quem é que manda. Mas não faz. Não é seu gênero. Ele sente também, e sobretudo, que seria completamente inútil. Há em Norma Jeane alguma coisa, ou alguém, impossível de dominar. Ele não pode lutar.

Portanto, ele desiste.

Seis meses depois do casamento, Jim Dougherty anuncia à esposa que se alistou na marinha. Quer ir para a guerra. Sente vergonha de estar onde está, explica, bem protegido dentro da sua fábrica quando os rapazes da sua idade estão lutando de verdade e arriscando a própria pele para defender os outros. Ele tomou uma decisão, ela é definitiva.

Embora o jovem estivesse preparado para a reação de Norma Jeane, esta ultrapassou de longe tudo que ele temia. Como a órfã poderia aceitar o que ela percebe evidentemente como um fracasso? Como sobreviveria a esse enésimo abandono, à repetição do que sempre aconteceu na sua vida e que ela teve que suportar em silêncio? Ela não consegue. Berra e suplica, ameaça e promete. Ela fará esforços descomunais para ser uma boa dona de casa. A melhor. Quer ser digna dele, precisa que ele cuide dela. Um Daddy não larga sua Baby sozinha. Tanto insistiu que Jim Dougherty desistiu de se alistar e voltou a fabricar bombardeiros na Lockeed. Naturalmente, os problemas não estão resolvidos, e o reencontro dos corpos apenas mascara por uns minutos o fosso que separa, cada dia mais, os dois jovens. Jim percebe as dificuldades crescentes que afetam a personalidade de Norma Jeane, ora introvertida ao extremo, ora assustadoramente descontrolada. O conflito o atormenta, acentua-se o rompimento entre sua vontade de protegê-la, socorrê-la, e uma voz interior que o incita a desistir o mais rápido possível – questão de sobrevivência. A aposta vale o sacrifício? Por que deveria se contentar em ser operário quando existem tantas possibilidades diante dele? Vai ficar muito tempo aceitando ser mandado por uma moça que nem sequer é maior de idade? Algum tempo depois, ele recidiva e anuncia que desta vez vai se tornar bombeiro. A ideia de combater o fogo lhe agrada bastante. É uma boa maneira de satisfazer seu gosto pela batalha. Ele se inscreveu no quartel da esquina. Vai ficar lá, pertinho dela. Salvo, ele acrescenta com cuidado, quando tiver missões que o obriguem a ficar fora por dias e noites seguidos. Mas vai ser raro, ela não precisa se preocupar.

Não apenas Norma Jeane se preocupa como se opõe à decisão do marido. Com uma violência que deixa o pobre Jim extenuado. É provável que ambos sejam suficientemente lúcidos e se deem conta do desastre. A cena que ela acaba de fazer aniquila a ambos. Jim está inteiramente esgotado, não tem mais forças para se obstinar, sua vontade é sair correndo. Quanto a ela, sente-se afundar no medo de si mesma e da desconhecida que a faz, sem querer, destruir tudo que desejou com tanto ardor. Lá está ela, de novo uma criança em prantos diante do brinquedo que desejou e está caído no chão, quebrado num acesso de raiva mais forte do que ela. Ela compreende que às vezes age contra o próprio interesse, como se quisesse se maltratar, se punir por alguma coisa. Pelo direito à felicidade, talvez. Compreende que está afastando Jim dela, Jim, sua segurança, sua família, quando tudo que deseja no mundo é viver ao lado dele na casinha de Van Nuys. Mas é de fato tudo que Norma Jeane deseja?

A jovem, que compreendeu que um suéter colado faz todos os olhares convergirem para o seu busto e se esforça para valorizar as nádegas generosas em saias curtas ou calças apertadas, teria realmente a intenção de passar a vida num pequeno prédio do subúrbio de Los Angeles, arrumando a casa e preparando a comida para o marido operário? Teria se esquecido da promessa feita à mãe e à tia Grace de que ela seria um dia uma grande atriz de cinema? Que todos os homens sem exceção seriam loucos por ela? Ou será que ela preferia esquecer o delírio das duas antigas montadoras da RKO e deixá-lo surgir apenas por um instante, quando assobiavam para suas pernas ou quase desmaiavam quando ela passava? É possível que Norma Jeane se sentisse também dividida entre dois polos opostos. É possível que, na maior parte do tempo, aspirasse sinceramente a ser uma boa esposa para Jim, prestando-se com boa vontade ao dever conjugal consumado sem fantasia, com mais curiosidade do que prazer. Ocorre que há uma outra escondida dentro dela, rosnando, reivindicante, revanchista, pronta para explodir a qualquer momento. E essa aí se entedia como um rato dentro dessa vidinha medíocre e monótona. Difícil sujeitar-se.

Jim Dougherty desiste de sua inscrição no Corpo de Bombeiros local e volta a fabricar bombardeiros.

Pausa de pouca duração. Na primavera de 1943, menos de um ano depois do casamento, o rapaz reúne toda sua coragem e adota sua voz mais firme para comunicar que se alistou na marinha mercante. Dessa vez as regras fogem do controle, é um salve-se quem puder praticamente total. Norma Jeane sabe o que está perdendo. Histérica, berra e se atira no chão, agarra-se ao marido da mesma maneira que tinha feito com Grace Goddard no dia em que foi conduzida ao orfanato.

– Já que você vai embora, me faça um filho. Deixe alguma coisa sua em mim. Se lhe acontecer uma desgraça, pelo menos eu ficarei com um filho seu. Ele vai ser meu, só meu. Eu lhe suplico, me dê um filho, Daddy, me dê um filho.

Na cabeça de Norma Jeane, tudo se embaralha. Ela confunde marinha mercante e marinha em geral, crê que Jim está indo para a guerra, guerra que aliás ela ignora, assim como o nome dos protagonistas e os motivos. Ela chora e fala incoerentemente, cobre Jim de beijos frenéticos. Mas ele não volta atrás. Não cogita de desistir de novo, sua necessidade de tomar ar e escapar do torniquete opressivo da mulher é mais forte. Contudo, não pensa em deixá-la sozinha na casa. Não só por Norma Jeane ser incapaz de tomar conta de si, como também porque seria pura loucura: a moça é ingênua demais, distraída demais, sedutora demais, bonita demais. Mesmo pressentindo que ela lhe escapará mais cedo ou mais tarde, Jim sente ainda um fundo de ciúme possessivo dentro dele, e acha que tem obrigações em relação à mulher. Talvez também espere um dia recuperá-la, quando os dois tiverem crescido. Eles são tão jovens. Portanto, confia sua mulherzinha à mãe, Ethel, que a recolhe em casa. Quanto à ideia de ter um bebê, está totalmente fora de questão. Norma Jeane é uma criança, sem falar de seus antecedentes familiares. Jim Dougherty não cede e resiste à tentação, ao violento desejo de Norma Jeane de ligá-lo a ela.

Em agosto, ele faz as malas e vai para a base de Avalon, na Ilha de Catalina, Califórnia. Norma Jeane soluçou a noite toda em vão. Ela está sozinha, outra vez. Ninguém, decididamente, parece querer saber dela.

Um mês mais tarde, Jim decide fazer uma última tentativa para salvar o casamento. Em setembro, propõe a Norma Jeane ir encontrá-lo em Avalon, onde ele dispõe de um pequeno apartamento agradável e de horários fixos. No fundo, Jim é um pouquinho cândido também, para não dizer estúpido. Um novo ambiente, o ar do mar e, para ele, uma atividade mais excitante do que a manutenção da fábrica (ele se tornou professor de esporte) o fazem acreditar que toda esperança é permitida, que Norma Jeane e ele vão finalmente conseguir viver juntos, unidos, cúmplices, felizes. O fato de a população da Ilha de Catalina ser quase exclusivamente masculina, militar e em total estado de abstinência, de as únicas mulheres presentes serem insignificantes ou muito velhas e da sua, se bem que ainda uma criança, ter "uma carroceria de limusine de luxo" não parece preocupá-lo especialmente. Estranho. Cegueira simplória ou trabalho de solapamento mais ou menos inconsciente? Como Jim não percebe que está jogando Norma Jeane na goela do lobo? Louca de alegria, ela vai para lá imediatamente, animadíssima, com suas roupas pequenas e justas, seus peitos agressivos e seu traseiro ondulante. O resultado não se faz esperar: em um nada de tempo

Avalon está em polvorosa, numa agitação próxima do pânico. Os marinheiros se desvelam em volta de Norma Jeane Dougherty, que começa a perceber a dimensão excepcional de sua sedução. No olhar dos outros, dos homens particularmente, ela existe. Ao menos existe nela uma mulher, terrivelmente atraente e imperiosa. O fato de a desejarem termina lhe dando uma identidade, apagando a ferida do número do orfanato. O fato de se excitarem por causa dela é uma marca de reconhecimento. Um batismo.

Para Jim, já é demais. Ele embarca em dezembro para uma missão de um ano e meio. A marinha mercante, alega ele a Norma Jeane, chamou-o. Não pode recusar. Na realidade, mas isso ela jamais saberá, foi ele quem pediu para fazer a viagem.

Mr. Dougherty pulou fora.

Uso obrigatório de macacão

Ano de 1943, perto do Natal. Somente um ano e meio se passou desde o casamento, e Jim a abandonou. Norma Jeane não compreende, não admite. Não é orgulho (ela não se acha muito orgulhosa, de todo modo), é só revolta, uma revolta surda. E rancor. Sabe que Jim e ela não tornarão a se ver, que essa partida de um ano e meio é uma partida e ponto. Pelo menos para ela. Talvez Jim tenha menos certeza e acredite que ela vai esperá-lo tranquilamente, bem passivamente, contando os dias e lhe escrevendo cartas de amor desesperadas. Talvez ele acredite nas virtudes curativas do tempo e não no seu poder separador. É problema dele. Para Norma Jeane está terminado, mesmo que ela ainda não formule desse modo e lhe seja difícil olhar adiante, pois no momento ela não enxerga grande coisa. Mas algo virá. Um dia alguma coisa se produzirá, uma luz surgirá no horizonte. Não pode ser de outra maneira. Norma Jeane pressente, exige: um dia, ela botará a mão sobre a peça que falta do quebra-cabeça e iluminará o conjunto. Então tudo fará sentido, as horas passadas na frente do espelho tentando resolver o enigma de seu corpo, das carências de amor às cruéis esperanças.

Enquanto aguarda, aceita os dias como eles vêm, uns depois dos outros, retrai-se sob as curvas da sua pele que estremece e geme de impaciência, encolhe-se num canto, faz o menor barulho possível (não é complicado, está acostumada). Desde que Jim viajou, ela se entende cada vez pior com a mãe dele, que a considera responsável por sua fuga e a acha uma má pessoa. Norma Jeane não gostaria de ser posta para fora, de ter de ir para outro lugar. Por isso, ao final de algumas semanas ociosas na casa dos Dougherty em Van Nuys, passadas essencialmente na contemplação do potencial inexplorado de seus próprios encantos, ela resolve procurar trabalho. Vai completar dezoito anos em junho, é uma moça bonita, sadia e bem formada, louca para sair do anonimato. Norma Jeane quer ser célebre. Mas como fazê-lo? Ela é praticamente inapta para tudo. Desajeitada, gaga, sem cultura nenhuma, aprendeu sozinha a arte de rebolar as nádegas, mas em compensação ainda não aprendeu a se livrar do ar idiota que empana seu brilho e a faz passar por uma boboca. Felizmente para ela, os Estados Unidos estão em guerra. As fábricas de armamentos estão trabalhando a todo vapor e recrutam mão de obra sem parar. As mulheres foram chamadas a contribuir. É uma dádiva dos céus para Norma Jeane, que é contratada pela Radioplane. Lá, no meio de centenas de jovens mulheres, mrs. Dougherty vai dedicar dez horas dos seus dias, durante meses, a dobrar paraquedas.

Ela poderia ter permanecido lá. Poderia ter ficado no seu posto, na poeira e no suor, decerto um pouco mais bonita do que a média, mas uma operária no meio de tantas outras. Aliás, meninas bonitas era o que não faltava na Califórnia em 1944. Mesmo nas fábricas. Teria realizado seu trabalho com bom humor, pois era uma pessoa basicamente conciliadora e de boa índole, sairia nos fins de semana com algumas colegas para beber, iria se requebrar em algum *dancing*, terminaria provavelmente cedendo aos avanços de algum belo coração local e mergulhado quase sem se dar conta no torpor anestesiante de um banal adultério. Tudo isso apesar de sua ambição e do violento desejo de revanche social. Pois não havia nenhuma razão para que alguém viesse tirar do buraco uma gaga semianalfabeta e ciclotímica, ainda que ela fosse terrivelmente sexy e, em certas horas, intrépida. Seu futuro imediato estava todo traçado, era inevitável. Norma Jeane Dougherty poderia ter ficado olhando tranquilamente para o próprio umbigo durante horas no grande espelho de seu quarto, à noite.

Tudo poderia ter se passado assim, não fosse o maldito regulamento interno estipulando que as operárias deviam imperativamente trajar um macacão nas dependências da fábrica. Pois quando Norma Jeane está usando um macacão, é como se ela não tivesse nada nas costas. O tecido de jeans que gruda no seu corpo e aperta a cintura faz sobressaírem ao extremo as nádegas e os seios. Não se vê mais nada além disso. Um olho estranho à fábrica, alguém que não estivesse entorpecido pelo ronrom das máquinas e pelos gestos repetidos, um olhar novo e vivo repararia em um segundo *na* menina que, embora demonstrando indiferença, parecia estar inteiramente nua no meio das outras.

Esse olhar existe.

David Conover trabalha para os estúdios Ford Roach, que desde a entrada dos Estados Unidos na guerra produzem filmes de informação propagandista, destinados a convencer o público do bom fundamento da participação americana no segundo conflito mundial e da vitória iminente. David Conover é fotógrafo. Foi encarregado de tirar fotos de mulheres em fábricas de armamentos. Assim que entra na Radioplane, repara imediatamente naquela jovem. Seu olhar é atraído para aquele ponto brilhante, ali, no meio do cinzento circundante, um clarão fora do comum. É Norma Jeane, pobre menina de dezoito anos, bem torneada, meio boba, que vai se tornar a mulher mais desejada e mais célebre do mundo. David Conover teve uma intuição? Não propriamente. Contudo, ele fareja a outra menina, a que mal se disfarça por trás da sujeira enegrecida que tapa o rosto dela e não faz senão pedir para sair, para escapar do embotamento e do tédio ambiente. Como bom profissional, tem dificuldade para acreditar nos próprios olhos, para compreender o que uma moça tão luminosa pode estar fazendo num lugar daqueles em vez de passear pelos corredores de uma agência de manequins, onde ela ganharia em uma sessão de fotografias o equivalente a um mês de fábrica. David Conover é casado, simpático e caporal do exército. Sofre ligeiramente de gagueira. Estamos em outubro de 1944. O fotógrafo de Fort Roach dirige-se sem hesitação à esposinha largada de Jim Dougherty e lhe pede, tartamudeando, permissão para fotografá-la.

– Eeee... Eu?

Norma Jeane aceita de boa vontade.

A objetiva não a assusta de modo algum. Ela não é nada segura de si mas dá exatamente a impressão contrária. Dá a impressão de ter feito aquilo a vida inteira, de confessar tudo, de entregar tudo em um sorriso (o que, aliás, ela fez a vida inteira). Porém, mesmo treinando bastante à noite no quarto há vários anos, agora é diferente, agora é para valer, há um homem que a escruta nos mínimos detalhes e que ela não conhece, diante do qual ensaia as poses mais diversas. Nada a retém nem a paralisa, nem "o que é que vão dizer" ou o código de boa conduta. Ela pode dar a impressão de impudência desavergonhada, mas é tão vulnerável e tão doce, tão fresca, tão inocente que não fica desprezível nem odiosa, a despeito de seus ares sedutores. Ela é adorável, apenas adorável. A eterna abandonada, a órfã jogada de um teto para o outro que queria ser vista, encontrou alguma coisa que se fixa nela, apenas nela, e que não a deixa. Alguma coisa que a acaricia, que lhe sorri, que a adula, confere-lhe importância, afirma que ela existe, que sua pele é incrivelmente brilhante e comunicativa. Alguma coisa que enxerga através dela. Uma máquina fotográfica. Norma Jeane lhe oferece tudo o que tem.

Por trás há um homem, embasbacado com a descoberta e com o resultado sensacional das provas, bem além de suas mais loucas previsões. Um homem de carne e osso, perturbado com a beleza ingênua e diabólica de seu modelo. Consternado com o desperdício de tamanho tesouro.

– Você sabe que seu lugar não é aqui, é nas manchetes das revistas.

Norma Jeane lhe lança o mais reconhecedor dos sorrisos. Finalmente alguém que sabe, como ela, que ela vale bem mais do que cinco dólares por semana. Sorri para ele com reconhecimento. E lhe oferece tudo que tem.

Pouco tempo depois, Norma Jeane vai para a Costa Leste. De repente, se viu tomada por uma furiosa necessidade de rever Grace Goddard, de ser paparicada por ela, aconselhar-se talvez. Alguma coisa acaba de se romper na sua vida, a mocinha tem a consciência de uma ruptura, encontra-se agora na beira de uma precipício e ainda hesita em fazer o grande mergulho. Ela foi feita para esse ofício, repetiu-lhe David Conover, é tão fotogênica que chega a ser indecente, feita para estar sob os flashes, não para perder tempo e murchar a beleza em uma fábrica. Às outras, a submissão. Que ela se revolte e escolha por si mesma a vida que quer ter.

– Você deve se inscrever em uma agência de modelos – insiste Conover.

É muito lisonjeiro. Não poucas ficariam com a cabeça girando, já se achando uma May West, vendo-se estampada em cartazes. Mas Norma Jeane oscila. Morre de vontade, mas mesmo assim hesita. Modelos que querem fazer cinema há aos milhares, é a selva, a lei do mais forte. Se decidir ir por esse caminho, estará sozinha, sem ninguém para apoiá-la e lhe injetar confiança quando as coisas não derem certo. Sobretudo, se ela der o salto, adeus Jimmy Daddy Dougherty e tudo que vai junto. Nessa aventura, de fato, Jim não a seguirá. De resto, ela não lhe pediria, não o pressionaria. Há muito erotismo, muitos apelos à sensualidade na sua maneira de se abandonar à objetiva. Norma Jeane não discerne muito bem a fronteira entre o jogo e a oferenda, entre a mentira e a confissão. Ela não se sente mais segura de si, mais viva, unicamente quando um homem a deseja?

David Conover contou que, nesse período, Norma Jeane e ele tiveram uma breve ligação.* Uma nova existência se delineia no fundo do precipício, cheia de incertezas e emboscadas, mas também de maravilhas. Só é preciso se lançar. Talvez Norma Jeane tenha medo da liberdade. Entre os grilhões tranquilizadores da escravidão e a incerteza do voo, ela pesa os prós e os contras. Acha que tem escolha,

---

* Foram numerosos os homens que afirmaram ter sido amantes de Norma Jeane/Marilyn Monroe, em todas as épocas da sua vida. Uma lista nominativa – impossível de ser verificada, de todo modo – não tem, afinal, grande interesse. É o "catálogo" que faz sentido, o desejo sempre insatisfeito de conquista bem mais do que a consumação de um prazer, de resto discutível no caso de Norma Jeane, prazer que a maior parte dos supostos parceiros chegaram até a confessar que ela não sentia. Mas fica-se tentado a acreditar em Conover, que chegou no lugar certo no momento certo junto de uma esposa desprezada, de uma jovem decepcionada, carente, incapaz de resistir à excitação que ela faz nascer no outro, de resistir à sua própria sedução e de assumir as consequências. É apenas um começo. Será sempre assim.

que ainda tem o poder de decidir. Não se dá conta de que já começou a se precipitar. Com o dinheiro que acaba de ganhar, permite-se uma primeira travessia dos Estados Unidos, sua primeira verdadeira viagem (até então nunca tinha deixado a Califórnia). Inicialmente para Chicago, onde tia Grace se refugiou, sozinha, para fugir do alcoolismo devastador e contagioso de seu marido, Doc. Norma Jeane lhe relata a deserção de Jim e seu ressentimento, a vida na fábrica, cada vez mais difícil com todos aqueles tipos girando em torno dela e o ciúme crescente das outras moças; o encontro com David Conover – estritamente profissional, esclarece ela –, que lhe propôs outras sessões de trabalho no seu estúdio de Sunset Boulevard; seu embaraço porque Jim vai voltar em breve para o Natal e vai ficar contrariado com essa história de fotografias. Ela não sabe bem, confessa a Grace, o que deve fazer. Deixar-se atrair pelo chamariz ou voltar aos paraquedas. Se tivesse uma mãe, seria junto dela que iria buscar refúgio, mas é impossível contar com Gladys, afundada no seu mundo de espectros. Uma mãe débil, uma mãe incapaz, não é pior, no fundo, do que não ter mãe nenhuma? Se ela tivesse um pai, talvez lhe pedisse para impedi-la de vacilar. Ela não tem um pai? Não viu a foto dele um dia, há muito tempo, quando ela era tão pequena quanto um camundongo, no apartamento de Gladys em Hollywood, um homem moreno com grossos bigodes como Clark Gable?

– Este retrato? – pergunta Grace lhe entregando uma velha fotografia amarelada.

Este retrato. Norma Jeane vai embora com ele. Um pai fantasma, um pai de fantasia, é sempre melhor do que nada. Se ela tivesse uma irmã... Justamente, ela tem uma que não conhece, a primeira filha de sua mãe, Bernice, que tem sete anos a mais do que ela e vive em Detroit, casada, com filhos. Norma Jeane se mete no primeiro trem para Detroit e se atira nos braços da meia-irmã. Se ela tivesse um irmão. Me conte, me conte, Bernice, como era Jackie. Me fale dele. Um irmão morto, ainda assim é alguma coisa.

Pouco tempo depois, Norma Jeane volta para Van Nuys e retoma o trabalho na Radioplane. Na beira do abismo, ela recua, esmaga a outra mulher, a que pretende ter asas. Pede apenas que a amem e que a abriguem. Naquele momento. É por isso que se precipita nos primeiros braços que esboçam algum gesto de ternura para ela. Um carinho não pode esperar.

Quanto ao resto, não tem mais certeza de nada.

Última escala antes de embarcar

No Natal de 1944, Jim volta. Norma Jeane faz tudo que pode para acolhê-lo. Lingerie fina e quarto de hotel, ela não poupa despesas, tanto mais que embolsou um pouco de dinheiro graças às fotos de Conover e ele lhe queima os dedos. Mais exatamente, o dinheiro a perturba, deixa-a provavelmente culpada, atrapalha-a com certeza. Ela despreza seu valor e o poder que ele concede. O dinheiro é feito para ser gasto sem demora. Poupar é afastar de forma permanente o momento de viver, e Norma Jeane estima que já esperou demais. Jim voltou. Norma Jeane banca a mulherzinha lânguida, a Penélope da Califórnia da obra inacabada, que não vive há um ano senão para o marido marinheiro. Nas suas identidades múltiplas, foi buscar a máscara necessária para sua confecção. A de mulher de Jim existe ainda. Norma Jeane a coloca e retoma seu lugar sobre o palco da vida conjugal. Curta pausa no curso de um cotidiano que se acelera há algum tempo, da forma como desejou e sonhou, e que a excita e inflama.

Norma Jeane comunicou ao marido seu desejo de se tornar manequim? Como mencionou suas sessões de fotos com David Conover? Falou para ele do ambiente desagradável que agora a cerca na fábrica, onde as outras moças toleram cada vez menos o fato de os homens só terem olhos para ela, a ponto de se falar em mudá-la de setor? Norma Jeane espera continuar encontrando em Jim um aliado que a faça ficar junto dele, que a impeça de partir à deriva, que a mantenha no status de esposa ao mesmo tempo sufocante e protetor? Se for esse o caso, enganou-se. Jim Dougherty provavelmente não está descontente por voltar a ser durante alguns dias o dono do corpo da mulher, ao menos crer que é, mas é somente de passagem. Se Norma Jeane pensou que ele estava voltando para sempre, tratou-se de um mal-entendido. Não será o primeiro mal-entendido entre eles. O rapaz não tem nenhuma vontade de voltar logo para casa. A antiga órfã certamente ainda é muito apetitosa, não é desagradável botar as mãos em cima dela, mas parece continuar existindo nela, e mais do que nunca, um abismo insondável no qual ele sente medo de cair também. Passados os primeiros abraços e as trocas de demonstrações de paixão, os dois esposos afundam, cada um de seu lado, na solidão e na incompreensão.

Norma Jeane, atormentada de maneira cada vez mais aflitiva pela necessidade de ter um pai desde que recuperou sua suposta fotografia na casa de Grace, teria então tentado falar pelo telefone com Stan Gifford, que supunha ser seu genitor biológico. Aparentemente (se dermos fé ao testemunho de Dougherty[1]), o outro a teria rejeitado sem delongas. Gifford era o verdadeiro pai de Norma Jeane? Não há dúvida de que a questão é uma obsessão para Norma Jeane (numerosos depoimentos concordam com esta ideia) e é para ela uma ferida permanentemente aberta e um desgosto repetido. Mas, e a verdade de tudo isso? A parte de mistificação e de lenda? Gifford de fato se recusou a falar com ela? Ela realmente telefonou para ele?

Não demorou muito para Jim também desertar de seu posto. Norma Jeane está sozinha outra vez, rejeitada por todos. Salvo por David Conover. Uma vez que o marido foi embora de novo, o fotógrafo, que discretamente se eclipsara durante as “festas”, recebe de braços abertos a operariazinha aflita de macacão, cujas lágrimas são inesgotáveis e o rostinho é tão desarmante. Se os dois jovens ainda não eram amantes, muito provavelmente devem ter se tornado na primavera de 1945, época em que Conover, sob o pretexto de fotografá-la, conduz Norma Jeane pelas campanhas, longe de Van Nuys, e partilha com ela quartos de motel, por precaução e economia, ele diz. Imagina-se facilmente a cabeça de Ethel Dougherty diante do comportamento da nora, e o das moças da Radioplane, invejosas como tigresas da beleza despreocupada de Norma Jeane que vai e vem, encadeando dispensas por doença para justificar as ausências repetidas e se divertindo com as línguas pendentes dos operários quando ela passa. A ponto de a terem mudado de sessão. O linchamento era iminente.

Em junho, é Conover que parte para as Filipinas. Também ele tratou de se mandar para o fim do mundo? A dúvida permanece intacta. É um acaso o fato de todos os seres aos quais Norma Jeane se agarra lhe escaparem pelos dedos uns após os outros? Ela é tão frágil, tão hesitante. Ao mesmo tempo, determinada e indecisa, flutuante. Ela gostaria de se tornar modelo, repete, e mais ainda, atriz. Por que então não corre logo à agência que lhe foi indicada por Conover e onde ele já falou várias vezes sobre ela à diretora? O que está esperando? É como se alguma coisa a paralisasse. Ou alguém. Alguma coisa ou alguém a retém na sua vida mesquinha e vazia de Van Nuys na qual ela se aborrece mortalmente, mas ela parece preferir esse tédio, que aceita como uma redenção, como o preço a pagar por seus pecados de criança, do que possibilidade do desconhecido. De tão forte que é seu sentimento de culpa. Por se sentir esmagada pelo incômodo peso do passado. Então, como relatou mais tarde, ela passava os domingos na estação de Van Nuys para mergulhar nas histórias dos outros, para se sentir convidada em pensamento pelas famílias dos outros, o tempo de um sorriso, para se fazer adotar em imaginação por aquelas pessoas felizes que saíam dos trens e se precipitavam dentro deles com uma voracidade barulhenta. Gostava de sentir a multidão que a cercava, a engolia, de esperar o improvável retorno de alguém. No domingo, por procuração, Norma Jeane Dougherty ia até a estação de Van Nuys para viver outras vidas e perder invariavelmente trens de partida, confundindo todos os destinos.

Contudo, haveria de existir um destino para ela.

No verão de 1945, finalmente, ela se resolveu. A guerra estava terminando, o que significava um retorno à "normalidade". Ou seja, para Norma Jeane, o fim de seu trabalho de armazenadora da Radioplane, interrupção repentina de um começo de independência financeira, o cotidiano com Jim que, cedo ou tarde, talvez acabasse voltando para casa definitivamente, a retomada dos passeios sem objetivo de sábado à noite, como um casal, a ida aos bailes desanimados da esquina. A interrupção, em todo o caso, firme e definitiva, de seus projetos mais ambiciosos, uma vez que ela não podia mais contar com Conover. Em suma, o aniquilamento de todos os seus sonhos. O seus, os de Gladys e os de Grace. Até onde ela devia cavar para conseguir se evadir? Por pequenas pazadas, secretamente, tornando a tapar a brecha da véspera, temerosa, culpada.

E então, um dia, depois de horas passadas mudando de roupa, muito insegura, treinando como caminhar balançando escandalosamente os quadris, se remaquiando, se penteando, repetindo as réplicas que provavelmente teria de pronunciar durante a entrevista, sorrindo para o espelho, achando-se lamentável, bom dia miss Snively, como vai miss Snively, David Conover me falou muito da senhora, miss Snively, nós dois trabalhamos juntos, foi ele que me aconselhou a vir falar com a senhora, é verdade que eu tenho vontade de me tornar modelo, na realidade preciso de fato me tornar modelo, é minha única tábua de salvação, eu lhe imploro miss Snively, me tire daqui, me ajude por piedade... Um dia, portanto, depois de ter desistido dezenas de vezes, e dado outra vez na fábrica a desculpa de estar se sentindo mal, Norma Jeane, sob o olhar indignado e acusador da sogra, encaminhou-se para o encontro que finalmente decidiu marcar com a diretora da agência Blue Book. Dia 2 de agosto de 1945.

Mais uma vez, tudo poderia ter se encerrado na hora. Miss Snively é uma profissional. Meninas bonitas, ela está sempre vendo. No seu escritório do Ambassador Hotel, quantas ambições contrariadas, carreiras abortadas, ilusões perdidas. Pernas bem torneadas e bustos generosos não bastam.

Norma Jeane avança. Miss Snively raramente esteve diante de alguém tão pouco natural: as maneiras são exageradas, para não dizer ridículas, a maquiagem forçada, os cabelos excessivamente frisados, sem brilho, o nariz um pouco grande (com uma ligeira protuberância), a roupa justa demais. Uma voz exageradamente afetada, ciciante como a de um asmático.

Encenação da pior qualidade. Além disso, a pobre garota não é muito alta (ela manteve a estatura que tinha aos treze anos) e, para coroar o todo, ela gagueja! Porém, quanto mais miss Snively observa Norma Jeane que, por delicadeza, ela não dispensou na hora sem gastar sequer mais um minuto, mais impressionada fica com a inacreditável doçura viçosa que emana da jovem. Com a segurança também, mesmo desajeitada, dos que nada têm a perder. E com a vontade, uma vontade de ferro que brilha na cinza. Quanto mais miss Snively olha para Norma Jeane, mais Norma Jeane parece cercada de luz, mais ela cresce, branca e radiosa, mais seu corpo se transforma e se torna esse instrumento de prazer insuportável com seus seios perfeitos, empinados, seus quadris roliços à perfeição, seu jeitinho de santa fingida. Uma luz frágil mas intensa. Preciosa como um minério raro.

Miss Snively se encontra diante da moça mais mutável, mais patética que já viu, cuja graça transpira de forma intermitente, como poeira de estrela, como a cintilação vulnerável de um neon vítima de mau contato. Como pôde não ter visto antes? A diretora da agência Blue Book é uma mulher decidida. Depois de alguns cursos de aperfeiçoamento, de comportamento e de alguns ajustes, a pequena estará pronta, poderá até se tornar uma peça rara, justamente por causa desse brilho intermitente, desse clarão passageiro que às vezes a transfigura. Numa fotografia, é bem capaz de funcionar. De estourar a objetiva. Miss Snively oferece três meses adiantados a Norma Jeane, reembolsáveis sobre seus ganhos futuros, e a convida para começar imediatamente.

– Um pequeno conselho – ela acrescenta no momento de se despedir da moça toda alegre, derramando lágrimas de felicidade, sorrindo com uma gratidão exaltada –, você vai fazer um sucesso louco com os fotógrafos se pintar os cabelos de louro. Eu lhe garanto. Mande descolori-los, vire loura, e vai ter todos eles aos seus pés. Acredite em mim.

– Não, obrigada – fala Norma Jeane, embaraçada. Não está interessada. Ficaria com um rosto muito artificial. Não se reconheceria mais.

Loura, não seria mais ela.

Modelo[1]

Foi diretamente para a Radioplane e pediu demissão. Depois anunciou à mãe de Jim que, de agora em diante, estava inscrita numa grande agência de manequins. Ia começar já no dia seguinte. Como Ethel Dougherty protestou, ela fez as malas. Finda a época em que a despachavam como um embrulho de uma casa para outra. No momento, ela não tem mais a intenção de se deixar governar. É ela, doravante, quem decide. Consequentemente, retorno à boa Ana Lower, a doce tia Ana, que jamais emitiu um julgamento sobre ela e sempre a amou de todo coração. As cartas mudaram. A órfã febril está mais forte. Entre duas sessões de fotos, ela cuida da velha senhora, enfraquecida pela doença.

Ela começou a se livrar das dívidas.

Durante meses, Norma Jeane trabalha duramente, aceita tudo o que lhe propõe a agência, recepcionista, modelo, posa dentro dos trajes mais ridículos. Sempre pontual, disponível, não perde uma aula de aperfeiçoamento, é concentrada, curiosa e tem tanta vontade de acertar, de ser irrepreensível, que se dispõe a recomeçar trinta vezes uma sessão de fotos. Em seguida examina durante intermináveis minutos cada prova, escruta o mínimo defeito, inflexível consigo mesma. Rapidamente se torna a queridinha dos fotógrafos. "É tão profissional", dizem eles. Seu rosto luminoso e suas formas generosas saem regularmente nas capas das revistas. Seu book engrossa, ainda que continue se recusando a pintar o cabelo de louro. No outono de 1945, Norma Jeane reembolsa miss Snively e ganha o suficiente para pagar um aluguel a Ana Lower. Ela gasta muito, essencialmente em roupas e produtos de beleza, preocupa-se com a aparência. Não se esquece, ainda assim, do outro objetivo solidamente ancorado na sua cabeça, o projeto que germina nela há muito tempo e que ela não perde de vista: tirar a mãe do asilo de loucos e instalá-la em um bonito apartamento, pago por ela, com móveis brancos e o famoso piano de sua infância, que nunca foi utilizado. Só então não deverá a mais ninguém.

Em novembro, miss Snively informa a Norma Jeane que falou dela a André de Dienes, fotógrafo de reputação crescente que trabalha para a *Vogue*. Um homem experiente apesar de ainda jovem, especializado em moda, em beleza feminina, sempre em busca de novos modelos.

– Creio que você vai agradar-lhe. Pegue o cartão dele. Não espere.

Norma Jeane corre ao encontro do fotógrafo de origem húngara. É um homem muito bonito de 32 anos, musculoso, de cabelos castanho-claros, ondulados, olhar gozador e brincalhão. Pele clara e bronzeada. Reformado durante a guerra, André de Dienes leva em 1945 a existência com que sempre sonhou. As grandes capitais europeias, as mais belas mulheres do mundo e o dinheiro nunca lhe faltaram. Sua primeira visão de Norma Jeane é a de uma jovem rosada segurando uma caixa de chapéu. Uma guloseima fresca e apetitosa, para ser degustada sem perder um instante. Cabelos muito cacheados, frisados mesmo, castanhos, trançados de cada lado do rosto como uma menininha. Bonitas maçãs do rosto, um sorriso incrível, imenso, generoso, infantil. O nariz um pouco largo, um pouco grande demais, mas qual a importância. Com seus olhos azuis cheios de esperanças, sua testa impecável, uma pele que o fotógrafo adivinha imediatamente resplandecente, mais parece uma suntuosa camponesa da Europa central, viva, natural, maliciosa e tímida ao mesmo tempo, com quem qualquer homem em seu juízo perfeito sonharia em rolar nos montes de feno. E aquele suéter rosa, colante, tão justo no corpo que dá a impressão de ter sido tricotado direto na pele, sob o qual De Dienes já vê seios perfeitos, empinados, redondos. As pernas delgadas e pálidas.

– Eu mm... me cha... chamo Norma Jeane. Ba... Baker. O se... senhor quer me ver de maiô?

Ele já sabe que ela é perfeita. Sabe o que é ela. De sua caixa de chapéu ela tirou um biquíni horroroso e vai vesti-lo no banheiro. Sai de lá empetecada como um ás de paus. De Dienes sorri. As coxas são firmes e lisas, os quadris, generosos.

– Começamos amanhã – diz.

De madrugada, o fotógrafo conduz a moça a uma praia deserta e passa o dia disparando cliques. Norma Jeane está radiosa, um largo sorriso devora seu rosto. Oferece à objetiva todo seu desejo de vida, suas esperanças de amanhãs melhores. Está tão feliz por estar ali, existente, tão reconhecida àquele homem que a escolheu e lhe demonstra consideração, que desenha um coração na areia. Na mesma noite, ao revelar os negativos, De Dienes fica estarrecido com os resultados.

– Eu quero ir com você para o deserto californiano, para o Vale da Morte, e passar dias, semanas inteiras fotografando-a – diz para a moça.

De Dienes prepara seu Buick, corre às butiques de Los Angeles, compra roupas e acessórios para Norma Jeane. Ele está pronto. Ela também. Partem em dezembro de 1945, com a bênção de tia Ana. Dentro do carro, Norma Jeane passa muito tempo dormindo, encolhida como um gatinho. O fotógrafo não se cansa de olhar para ela, já imaginando poses, ângulos. A sensualidade vulnerável de Norma Jeane, sua inocência carnal, a gagueira que por momentos a submerge, tudo o perturba. Muito depressa, como diante da máquina fotográfica, ela se entrega a ele, conta-lhe tudo: sua infância, a mãe, seu casamento, o desejo de vencer, a intenção de se divorciar. Baker é o sobrenome da mãe, não o do marido. Em pouco tempo, André de Dienes sentiu que a desejava como um louco. Em pouco tempo, compreendeu que estava perdidamente apaixonado.

Durante dias percorrem juntos milhares de quilômetros, produzem montanhas de fotos. Dia após dia, De Dienes capta a beleza de Norma Jeane no meio de montanhas, rochedos. Estão sozinhos no meio de lugar nenhum. Ele tem a sensação de tê-la sequestrado, de tê-la exclusivamente para si. Cada dia Norma Jeane está mais bonita, sempre acorda cedo, se maquia, se penteia, fica pronta para trabalhar. Todos os dias o fotógrafo morre de vontade de lhe pedir para posar nua, e a cada dia não tem a ousadia necessária para fazê-lo. Todas as noites, o desejo o impede de dormir e o força a bater à porta de Norma Jeane que, delicadamente, manda-o voltar para a cama dele. De Dienes não aguenta mais. Pede à moça para se casar com ele. Ele pagará as despesas do divórcio dela, só precisam ir para Las Vegas para acelerar os procedimentos. Terão muitos filhos, ele vai passar a vida a fotografá-la, pois ela se tornará uma superstar, ele lhe repete todos os dias. Por ora, ela é totalmente desconhecida, ele lhe diz, mas um dia... Um dia, ele profetiza, você vai ser a mulher mais fotografada do mundo.

Norma Jeane ri, está se sentindo muito feliz. É bom ouvir todas essas coisas bonitas, que bom que encontrou um ser que compartilha seus delírios. André é gentil, adorável. Ele lhe comprou seu primeiro jeans. Ela se sente bem de jeans, ela que só usava e só gostava de vestidos. Ele a fotografa de calças, de pulôver, de saia, de vestido, cabelos presos, soltos. De roupa tradicional húngara. Ela não tem certeza se o deseja. É o desejo que percebe no outro que conta para ela. Quanto mais forte ele é, mais ela se torna importante. O ato em si não é senão um resultado e, portanto, de uma certa maneira, o fim. Ela não o procura especialmente. Mas há algo que ela deve a André, tão cavalheiro com ela que aceita levá-la até Portland (a dois mil quilômetros) rodando dia e noite, para visitar a mãe que acaba de receber permissão para sair do hospital psiquiátrico. É perto do Natal, período do ano que entristece Norma Jeane. “Combinado”, diz De Dienes. “Nós vamos até lá, depois trataremos do seu divórcio.”

Norma Jeane não fala nada, mas deixa André vir para a sua cama nessa noite.

A visita a Gladys é um desastre. A pobre mulher vive em um quartinho de hotel de Portland. “Por que cargas d’água”, se pergunta De Dienes assim que a vê, “deixaram-na sair do hospital tão depressa?” Ela mal reconhece Norma Jeane, que se apressa febrilmente em desembrulhar os presentes que lhe comprou com suas poucas economias. Gladys nem sequer olha para eles. Não dá uma palavra. Pretextando um compromisso urgente, o fotógrafo acaba com o calvário e leva embora rapidamente Norma Jeane, muda como um túmulo durante todo o final da viagem.

Ferida de infância permanentemente reaberta. Impotência irritada, sentimento de injustiça, culpa e necessidade de revanche lhe atormentam cada vez mais as entranhas. "Um dia nós vamos ter uma casa, mamãe, só para nós duas, um dia, uma casa, eu lhe prometo..."

Uma mensagem de Jim Dougherty espera a jovem em Los Angeles, avisando que ele vai chegar. André de Dienes propõe a Norma Jeane se afastar durante o tempo em que ela estiver tratando do divórcio. Ele partirá para Nova York, onde acaba de ser informado da morte de um amigo. "Sim", diz Norma Jeane, "combinado". Mas a modelo cada vez mais disputada da agência de miss Snively não tem a intenção, por ora, de se casar com quem quer que seja, mesmo tratando-se de um fotógrafo de renome graças ao qual seu book ganhou um prestígio considerável. Ela só pensa na própria carreira, responde vagamente às cartas e aos incessantes telefonemas do apaixonadíssimo namorado, morto de aflição e roído pela dúvida, lá do outro lado, na Costa Leste. Jim Dougherty não é tratado de melhor forma. Ao desembarcar no final do mês de dezembro de 1945, descobre com consternação que Norma Jeane não foi esperá-lo na estação de Van Nuys. Ela está trabalhando. Não se trata de um incidente. Durante suas três semanas de estadia em Los Angeles, o jovem marinheiro praticamente não vê a mulher, solicitada de todos os lados para sessões de fotos. Jim Dougherty não reconhece aquela com quem se casou. Norma Jeane adotou uma falsa segurança. Penteia-se de modo diferente, veste-se de outro jeito. Ela agora está nas manchetes das revistas vestindo maiôs. Está ganhando dinheiro. Sente orgulho disso, gostaria que Jim compartilhasse de sua alegria. Mas ele tem sobretudo um sentimento de vergonha que o absorve. Inelutabilidade. Sua própria mulher em roupas sumárias nas paredes dos postos de gasolina ou nos armários de seus colegas militares, ele não precisa disso. A incompreensão é total entre os dois. O que resulta nas palavras finais, fatais, de um Jim encurralado pela mãe, pelos vizinhos, pelas fofocas: "Sua carreira ou eu".

Norma Jeane não responde. Norma Jeane age em surdina, com delicadeza, desejosa de não ferir ninguém, incapaz de enfrentar abertamente os conflitos e as pessoas. Norma Jeane não gosta nem da verdade, nem de decisões, rupturas, finais brutais, mudanças violentas. Prefere que aquilo se arraste, apodreça, que morra por si mesmo, sem barulho ou furor, como uma lenta evidência. Jim torna a partir, mais desconcertado do que nunca. Alguns meses mais tarde, ele receberá, durante uma escala em Xangai, os papéis do divórcio. No entretempo, decidida a se lançar sem mais tardar ao assalto do cinema, Norma Jeane contratou um agente que lhe garantiu que seu estado de mulher casada constituía uma desvantagem para sua carreira de atriz. Nenhum estúdio assinaria um contrato com ela, de medo que engravidasse. Na primavera, De Dienes, por sua vez, torna a atravessar os Estados Unidos de um lado a outro para voar para junto do seu amor e encontrá-la na companhia de um outro fotógrafo. Na sua opinião, as maneiras dela estão um pouco afetadas. Ela está exagerando. Ainda assim é encantadora, tão frágil. Não consegue ficar zangado com ela. A partida está perdida. Norma Jeane tem um outro destino diante de si, De Dienes pressente, engole o desespero e renuncia no último minuto a uma tentativa de suicídio. Continuará amigo dela para sempre. Ela poderá sempre contar com ele para fotografá-la quando quiser. Mesmo tendo perdido um pouquinho de sua inocência e de seu frescor virginal. Mesmo tendo se tornado agora mais rígida por causa de cálculos, planos de carreira e arrivismo.

Mesmo que, por causa de um anúncio de xampu, ela tenha cedido à pressão e mandado descolorir o cabelo.

Loura

No início, ela detestou.

Se fosse somente uma simples questão de cor, mesmo tão artificial, teria se decidido mais depressa. Mas a lourice (com todas as nuances que pode comportar, do dourado de Betty Grable ao platinado de Jean Harlow) é uma característica pessoal. E não era a sua. De jeito nenhum. Ela se tornava agora uma dessas lourinhas de Hollywood, uma dessas starlets levianas e fabricadas, de reputação necessariamente fácil, perfeitas para os papéis de secretária sexy meio boboca às ordens do chefe, em quem toda a população masculina sente uma grande vontade de passar a mão, amantes ideais de homens casados, decorações perfeitas e pouco barulhentas de beiras de piscina durante noitadas estrepitosas do jet set, com decotes provocantes ou trajes de banho sumários, mulheres unicamente de corpo, que aprenderam tudo, copiaram tudo, da atitude ao sorriso, da aparência ao silêncio, prontas para exibir seu grande número de malabarismo, de sapateado, de equilibrismo, de dança do fogo, de tudo o que se quiser. Bichos de circo, depiladas de cima a baixo, refizeram os dentes, o nariz, moldaram uma nova silhueta, uma identidade nova, uma identidade de loura, portanto de objeto sexual, de presa, preocupadas em serem notadas, eleitas. A qualquer preço.

Ela se tornou um clichê.

Agora, os homens assobiam abertamente para ela na rua, fazem sem rodeios propostas indecentes, mostram-se mais diretos, um pouco mais agressivos – por que eles usariam luvas, já que uma loura suscita o desejo, não o respeito, desperta as pulsões, desata a selvageria. Uma loura exibe antes de mais nada a cor.

É um mal-entendido. Norma Jeane sabe que não tem nenhuma necessidade desse falso *spot* em cima da cabeça para atrair os olhares na sua direção, cativar a objetiva dos fotógrafos (mesmo que lhe garantam que o louro absorve melhor a luz do que qualquer outra coloração) ou para que os homens se excitem ao vê-la. Isso ela já constatou com De Dienes. Norma Jeane gostaria de ser amada e desejada pelo que ela é de verdade. Como loura, é uma outra mulher. Perde de repente todo o pudor, toda a inibição, revela-se de uma sensualidade arrasadora, como lhe aconteceu no baile com Dougherty. Talvez seja isso, ser loura. Esse jorro. Até então ela tinha ignorado. Não tinha consciência do milagre ou do monstro escondido dentro dela, inesperado, imprevisível? A lourice é parte dessa aparição sobrenatural que lhe escapa às vezes e faz sua pele cintilar com um brilho incrível. Norma Jeane ainda não se habituou.

Então é preciso um pouco de tempo. No começo tem a cada vez um sobressalto diante da imagem que o espelho lhe devolve, estranha, mentirosa, e contra a qual uma parte de si mesma manifesta ainda uma certa resistência. Como uma convalescença lenta e penosa após uma operação delicada. E cirúrgica. Um transplante. Na sua lourice recentemente estabelecida, Norma Jeane se acostuma pouco a pouco com os gestos mais simples. Suas mãos não param de se perder nos cachos prateados, como para verificar se eles estão bem presos. Delicadamente, ensaia poses conforme com seu novo aspecto. No decorrer das semanas, seu reflexo a faz cada vez estremecer menos. Adapta-se a ele. Os outros também. Tia Ana, tia Grace, que vive de novo em Los Angeles, todo mundo termina vendo-a loura como se ela sempre tivesse sido.

A outra criatura dentro dela ganha terreno.

As revistas a adoram, os homens também, fotógrafos, jornalistas. O que Norma Jeane quer, nesse momento, é um contrato com a Fox, com a Columbia ou com a RKO, pois ela será atriz e não manequim, de acordo com os sonhos de sua mãe quando ela era pequena. Então, todos os dias, ela corre os grandes estúdios da sétima arte, com seu book e seu CV debaixo do braço, desajeitada, gaguejante, apressada para obter a confirmação de seu divórcio, na penúria (pois Jim, em fúria, suprimiu a pensão que lhe dava), ofegante, patética, lastimável, e é gentilmente dispensada. Muito bem, nós lhe telefonaremos. De noite ela frequenta as festas de Hollywood, espremida em vestidos impossíveis, como quem se dedica a andar sobre vidro moído. Está treinando.

E numa manhã, ela se convence de que é loura até o fundo do coração.

Tábua rasa

Loura, portanto, é o que ela passou a ser. Divorciada, dentro em breve. De atriz, está no caminho. O ano de 1946 é chave para Norma Jeane ex-Dougherty. Transitório e determinante em vários aspectos, capital, constitutivo e devastador, é o ano em que ela efetua um pequeno ensaio triunfal diante de uma câmera e obtém seu primeiro contrato com um grande estúdio de cinema. O ano em que ela provavelmente começa a adicionar os amantes e a se dobrar, por cálculo, às exigências lúbricas de certos homens de poder suposto ou real. O ano de seus vinte anos. É também o ano em que lhe pedem para mudar de nome. Um detalhe. Pois Norma Jeane Dougherty, Baker ou Mortensen como lhe acontece vez por outra escrever, não soa lá muito bem. Muito complicado de guardar. De todo modo, também não é ela. Ela precisa agora de uma identidade de loura. A Fox lhe propõe um nome: Marilyn. E tia Grace lhe sugere adotar o sobrenome do avô materno, Monroe, um nome ainda assim parecido, histórico, prestigioso, e ademais se diz que letras duplas dão sorte. MM. Marilyn Monroe. A sonoridade é agradável, suave. Fácil de memorizar.

– Marilyn Monroe, sim, de fato – entusiasma-se Grace Goddard –, está muito bom, é um nome de star.

– Você acha... – hesita Norma Jeane. E ela repete dentro da cabeça, fica repetindo em voz baixa as novas sílabas que doravante a constituem, Marilyn Monroe, Marilyn Monroe, como faz uma recém-casada para se habituar ao status de esposa, para se persuadir da novidade, como havia feito quatro anos antes ao se tornar mrs. Dougherty. Ou como ela sempre fez ao passar de uma família para outra. Norma Jeane, desde a infância, passou o tempo atribuindo para si pertencimentos sucessivos. Desta vez, contudo, não é a mesma coisa. Desta vez, a coisa vai muito mais longe. É como se ela começasse tudo do zero, com um novo dado, uma nova chance. Marilyn Monroe é um pseudônimo nascido do assassinato de Norma

Jeane e de tudo que vai junto com ela ("Eu sou órfã, nunca conheci meu pai, e minha mãe morreu", afirma num primeiro momento aos jornalistas fascinados pela história sórdida, mesmo que Gladys esteja justamente morando com ela, não faz muito tempo, na casa da tia Ana). Como se ao mesmo tempo empurrasse para longe, para bem longe mesmo, todo o antigo limite. Tudo que entravava Norma Jeane – conveniência, convenção, lealdade e dívidas em relação a um passado que atrapalha – foi agora abolido. Marilyn Monroe, a priori, não deve nada e não pertence a ninguém. Ela é livre. Para se libertar, Norma Jeane teve de ser sacrificada.

O primeiro contrato de seis meses, renovável, foi assinado em agosto de 1946, mas nem por isso a vida se tornou mais simples na mesma hora. A glória não se apresenta de um dia para o outro. Ao contrário. Ela levará anos para acontecer, ao cabo de uma longa e lenta perseverança, a passos lentos. Longos anos de dúvida, de concessões, provações, desalento, humilhações, esperas, ilusões permanentemente perdidas, tenacidade, decepções afetivas, solidão, desespero, rupturas, que resultarão até numa tentativa de suicídio, a primeira, em 1950. Mas, por ora, foi Norma Jeane quem morreu. Quem é Marilyn Monroe? Quem é Marilyn Monroe, fora uma silhueta manufaturada em laboratórios hollywoodianos? Uma boneca mecânica? Um fantasma? Um nome entre centenas de uma lista de espera interminável? Por que ela emergiria do bolo? Por que ela seria a designada, não sendo nem mais bem construída nem mais astuciosa do que as outras?

Silhueta duas vezes em filmes ordinários rapidamente esquecidos: eis o que ela colhe depois desse primeiro ensaio original, ainda que prometedor, rodado à vista de um Zanuck estarrecido e furibundo, que ainda assim concordou em contratar aquela "cabeça de palha". Mas, no fundo, o figurão da Fox é uma das raras pessoas (e continuará sendo) que permaneceram cegas diante do potencial erótico da jovem Marilyn.

– Essa menina tem qualquer coisa que não se vê desde Jean Harlow. Desde o cinema mudo. Ela estoura a tela – ousam afirmar certos técnicos.

Ela não estoura os olhos dele, Darryl Francis Zanuck (1902-1979), o homem das botas e das mãos bolinadoras, por sinal sensível aos charmes das "burras" (é como as chama na frente de sua mulher, Virginia) aspirantes à glória que povoam os corredores de seus estúdios, que ele consome com moderação. Marilyn Monroe, temos de convir, não faz seu gênero. Para uma pessoa como ele, é quase uma falha profissional.

A jovem divorciada deve pagar as despesas. De agora em diante sem marido, vê-se ademais tendo de carregar uma mãe com quem se dá conta rapidamente que é impossível viver. Entre Gladys Baker e a filha, chegou a hora do acerto de contas. De uma parte e de outra, disparam as acusações, a amargura, os julgamentos. Marilyn jamais obterá de sua mãe a admiração e a gratidão esperadas. Não há possibilidade de retorno. O sonho de tirar a mãe do asilo e instalá-la com ela em uma bonita casa com móveis brancos se esfarelou seriamente. É provável que, sem se desfazer do sentimento de culpa que a consumia desde a infância, depois de algumas semanas de vida em comum com a mãe, Marilyn tenha ido viver sozinha em um pequeno estúdio, confiando à tia Ana uma Gladys mais dura, mais glacial, mais perdida do que nunca. Era insustentável. Ei-la pela primeira vez entre quatro paredes só suas, no meio de quase nada pois os bens materiais, os objetos, até as joias, qualquer sinal de riqueza, não lhe causam senão aversão. Norma Jeane não gosta do que dura, uma vez que nada dura. Mas ela não é mais Norma Jeane, é essencial que enfie isso na cabeça, ela é uma Marilyn Monroe que não se volta para o passado. Mesmo seus próximos devem agora passar a chamá-la de Marilyn Monroe. Uma Marilyn que se contenta com um colchão no chão e livros espalhados, livros que ela lê ou não lê, ávida por aprender e demonstrar à Terra inteira que está longe de ser uma cabeça vazia. Uma Marilyn que cuida atentamente da própria silhueta, que começa agradavelmente a tomar gosto pela esfera de proteção e reconforto, ela nota, que o álcool lhe proporciona. Uma mulher cada vez mais bonita e cada vez mais sozinha com branco à sua volta, do chão ao teto.

Seis anos. O longo período em que Marilyn Monroe ri e geme no escuro, uma coisa de cada vez, aguardando sua hora chegar, vai durar seis anos.* Período turvo pontuado por diversos desconhecidos sobre os quais os biógrafos divergem. Alguns afirmam que, para pagar o aluguel e conseguir seus objetivos, Marilyn ganhou dinheiro com o corpo, garota de programa, *call-girl*, até mesmo simplesmente se prostituindo. Mencionam-se as festinhas muito privadas de Joe Schenck, tenor septuagenário da Fox ligado à Máfia que mandava buscar moças de limusine. Falam de orgias, de abortos. Como saber? Em quem acreditar? Fabulações? Verdades? Delírios mitômanos veiculados por uma mulher cada vez mais incapaz, e cada vez menos desejosa, de separar a realidade da ficção? O importante talvez não esteja aí. O importante talvez não seja demonstrar que meios a pequena starlet empregava para tentar desencavar papéis, se ela ia ou não para a cama para "vencer". Marilyn, muito provavelmente, não tinha nenhum escrúpulo em tirar vantagem de seu corpo, sua única riqueza, que de todo modo não lhe proporcionava nenhum outro prazer, uma vez que o sexo em si lhe era indiferente. Os homens podem ficar em cima dela: isso não a emociona nem a perturba. Sente até um certo orgulho, um ínfimo sentimento de existência, uma sensação de poder diante dos olhos enlouquecidos, suplicantes, dos gestos febris e desajeitados, da forma frequentemente patética com que eles se expõem na hora da verdade. Pois na realidade, no amor, são eles que se desvelam, que revelam suas imperfeições. Ela se contenta em se despir e oferecer aos caprichos deles suas formas esplêndidas. A companhia dos homens muito velhos não a incomoda. Ela até a prefere à dos jovens apressados. Sexagenários como Joe Schenck, e dentro em breve Johnny Hyde, não humilham sua juventude. Eles lhe dão segurança. São cheios de consideração, de delicadezas, além da falta de jeito comovente, da vergonha, da impotência e do medo de morrer. Marilyn não se sente correndo perigo ao lado deles. Seus encontros amorosos são

* Uma vez que se pode estimar que ele acaba em 1952, ano em que ela passa do status de starlet ao de star.

pungentes e sinceros. E breves, além do mais. Trata-se mais de uma revolta desesperada do que de um gozo egoísta. É também dessa maneira que ela considera a questão. Pouco importa se às vezes frequenta gente duvidosa. Próximo do poder há frequentemente cheiro de enxofre, gangue organizada. Perto do dinheiro há sempre champanhe, belas mulheres e homens de preto. Hollywood é um condensado de tudo isso. Marilyn tem fome. Tem necessidade de dinheiro e de gentileza. De um pai ou de um avô junto dela, que acreditem no seu talento, que a encorajem e a protejam. Que entrevejam nela o futuro que não conhecerão. Basta ir para a cama.

Ir para a cama com o pai, Marilyn confessou para várias pessoas, é uma fantasia – seu verdadeiro pai, seu genitor, o que engravidou Gladys um dia e nunca mais quis saber dela... ou simplesmente jamais ficou sabendo –, abordá-lo em um bar como ela sabe fazer, com pouquíssima roupa, os seios quase de fora, as nádegas empinadas, as pernas macias, a boca sugestiva, mais bonita do que nunca, deixá-lo doente de desejo, louco, furioso, escravo, fazê-lo pagar o preço alto e fazê-lo conhecer o que jamais conheceu: uma noite de amor ardente e inesquecível sem nenhuma proibição. Depois deixá-lo de madrugada, com os bolsos cheios de notas, sorriso nos lábios, não sem antes lhe revelar que ele acabou de transar com a própria filha durante horas. *Bye bye, Daddy*. E, nessa noite, talvez seja o que ela repete incansavelmente quando entrega o corpo às mãos de seus amantes como se fossem pais putativos, tios adotivos, mr. Kimmel babões e viciosos sobre os quais lança sua maldição.

Então em certos dias, fortalecida por essa vitória antecipada, ela brilha diante das objetivas dos fotógrafos com seu rosto de camaleão e uma espécie de frescor, de jovialidade, de infantilidade da antiga Norma Jeane, que continua passando através da concha loura. Ela sorri, ri para a vida, para o maravilhoso futuro que vai ser o seu, quando o mundo inteiro a adular e milhares de pais pretendentes se engalfinharem para adotá-la. Ela é sem idade, ela é bonita, inocente e virgem como um cordeiro. Continua a ser a mocinha de tranças, de nariz um pouco grande e seios em forma de pera, metralhada pela máquina fotográfica de André de Dienes. Ela acredita nisso, acredita que seja a pura verdade.

Mas em alguns outros dias, quando passa diante do espelho e mal consegue se distinguir, tem a impressão de se tornar transparente.

Em fevereiro de 1947, Zanuck encolhe os ombros e aceita renovar por seis meses suplementares o contrato da "loura burra". Visivelmente, há em torno dele gente que quer bem àquela pequena. Ele não entende, continua sem ver por quê. Nenhum traço especial, nenhuma personalidade. Ela não teria as reações brincalhonas de Jean Harlow às suas próprias atitudes obscenas. Não poderia beliscar suas nádegas ao passar e rir em seguida de bom grado na sua companhia. Os tempos estão mudando. Finalmente. Pouco lhe importa, pois, no fundo, nunca cruza com ela. Marilyn, que circula permanentemente pelos estúdios esforçando-se para dar de cara "por acaso" com alguém influente, não tem os mesmos horários do grande chefe. Contudo, graças a um de seus protetores, ela obtém na primavera de 1947 seu primeiro "papel" em um filme sem interesse, *Scudda Hoo! Scooda Hay!* (*Torrentes de ódio*), no qual ela encarna uma jovem passante, com uma réplica de duas palavras: "*Hi, Rad*", as primeiríssimas, por conseguinte, da carreira cinematográfica de Marilyn Monroe. O filme passa despercebido, mas a starlet está contente. É um começo, ela ultrapassou o estágio de silhueta para alcançar o de figurante. "Nada mau para uma atriz tão ruim", ela pensa.

Pois existe nela uma vontade pouco comum de aprender, de se aperfeiçoar, acompanhada de um fortíssimo sentimento de subestima. Como poderia se transformar em uma star? Como poderiam lhe dar papéis diferentes de uma peça de decoração a quem se pede simplesmente que seja bonita e que fique mais ou menos calada? Ela não sabe interpretar, sequer colocar a voz. Aliás, ela não tem voz, se acha ruim, exibe uma timidez paralisante. De mais a mais, nunca foi ao teatro e nunca viu uma peça na vida. Consequentemente, reunindo toda sua coragem, e depois de raspar o fundo dos bolsos, Marilyn se inscreve durante algum tempo em um curso de teatro, o Actor's Lab, tão discreta, tão temerosa que ninguém repara nela, lourinha tímida, aluna das mais assíduas que assiste ao curso com um cachorrinho nos joelhos, sonhando em se tornar uma heroína trágica, sonhando com Nova York, onde se formam os verdadeiros grandes atores. Quem sabe ela também, um dia... Enquanto espera, antes de interpretar Ana Karênina ou Lady Macbeth, Marilyn tem de se contentar com ser uma empregadinha em um outro filme esquecido intitulado *Dangerous Years* (*Idade perigosa*).

E depois tudo para. Expirado em agosto de 1947, seu contrato dessa vez não foi renovado. Sem razão, segundo a interessada e a maior parte de seus biógrafos, que alegam injustiça e em geral pulam dessa demissão misteriosa da starlet da Fox direto para sua contratação pela Columbia Pictures, como se os dois acontecimentos se sucedessem de um dia para o seguinte, seguindo de resto a pista traçada pela própria Marilyn. Contudo, entre os dois momentos, escoa-se a bagatela de oito meses. A tese de uma gravidez indesejada* se revela a mais provável (para uma starlet grávida a porta dos estúdios é imediatamente fechada) e está de acordo quase que perfeitamente com certas "confissões" tardias de Marilyn a certas pessoas.**

Contudo, se houve um nascimento, não existe nenhuma prova tangível. Ademais, por que algum relatório médico ou mesmo a autópsia realizada em agosto de 1962 não teriam sido capazes de nos fornecer essa informação? Marilyn, entretanto, como é notório, frequentou muito os ginecologistas. Nada se sabe. Um corpo, contudo, possui uma memória. Seria necessário acreditar que o de Marilyn tivesse apenas remorsos.

E segredos também.***

---

* Don Wolfe chega a afirmar que Marilyn dá à luz uma filha em novembro de 1947, que a criança foi entregue a uma família do Brooklyn de origem siciliana, e que o pai teria sido nada menos que John Fitzgerald Kennedy.

** Amy Greene, Lena Pepitone e Jeane Carmen, entre outras.

*** Nunca se repetirá o suficiente em relação a tudo que diz respeito a Marilyn Monroe, aos testemunhos de outras pessoas, e principalmente a quase tudo que ela própria falou: toda prudência é pouca. Contudo, uma vida se constrói também – essencialmente? – sobre mentiras, não ditos, mistérios. A de Marilyn em particular. Convém, portanto, não descartá-los mas, ao contrário, acentuá-los, recolocá-los, não à margem, mas no lugar onde devem estar, no cerne da tragédia.

Em março de 1948, graças à intervenção de Joe Schenck, Marilyn Monroe é contratada pela Columbia, empresa pouco prestigiosa na época. Mas é sempre alguma coisa. De novo, renascem esperança e ilusões, tanto mais que mesmo o parco salário lhe dá uma sensação de segurança e ajuda a pagar seu quarto situado não longe de Hollywood Boulevard. Ainda que não lhe permita comer até matar a fome. Isso não é o mais importante. Marilyn prefere empregar o dinheiro em outras prioridades, pula refeições tanto quanto possível. Continua pouco segura de si, consciente de que só deve suas contratações aos seus protetores e às suas formas generosas, o que lhe vale o desprezo e as chacotas de pessoas de quem ela aspira consideração. Felizmente, para alguns seres de sua vida "de antes", ela não é somente a "cabeça de palha" escarnecida por Zanuck ou a bonita presa de uma noite, rapidamente apanhada, rapidamente esquecida. Excetuando sua mãe (pois, para surpresa geral, Gladys voltou a se casar com um caixeiro viajante com quem segue para o Oregon), continuam junto dela tia Grace, de volta a Los Angeles, e tia Ana. Mas, em março de 1948, pouco depois da entrada de sua "sobrinha" na Columbia, Ana Lower morre da longa doença que a minava há anos.

Marilyn desaba. Para ela, já frágil, instável, a perda do único ser que lhe manifestou ternura durante sua longa infância é uma provação que a confronta pela primeira vez com a morte, o abandono definitivo. A morte de tia Ana remete Marilyn aos seus primeiros anos, ao tempo que passa, à sua perpétua solidão, à sua própria morte. Pela primeira vez na vida, talvez, a loura encarnação dos prazeres carnais entra em um cemitério.* Desejo de ser enterrada, por sua vez, que se alterna com a vontade sensual, ardente, de viver com toda a intensidade. Marilyn é a união dessas duas forças opostas, desses dois impulsos que a fazem avançar e sofrer.

Maníaco-depressiva.

A partir de agora ela está verdadeiramente sozinha. Ana morreu, Gladys foi embora, tia Grace vive se mudando, com

---

* Ela teria, relatará a Arthur Miller, se deitado dentro de uma tumba aberta.

muita frequência entregue ao álcool ou a outros problemas, Jimmy Dougherty já está casado de novo. Marilyn precisa com urgência arranjar outra "família".

Na primavera de 1948, apertada dentro de um vestido muito curto e em cima de saltos altos, a debutante se apresenta na casa de uma professora de arte dramática da Columbia Pictures. Evidentemente, nada pode ser mais simetricamente oposto do que Natasha Lytess e Marilyn Monroe. De um lado uma viúva austríaca, morena ascética, erudita, fustigada por certezas e amarguras, magra e pálida; do outro, uma lourinha exuberante e fresca, ignara, afetada e gaguejante, cujos olhos estão cheios de lágrimas, de reconhecimento, de desespero e amor. A primeira tem 44 anos, um copioso lote de sofrimentos atrás de si, uma casa cheia de livros e uma filha de cinco anos que ela cria sozinha. Não foi atriz por muito tempo, é feia e severa, tem cabeça de águia e está sempre vestida com cores escuras. Sua presença austera em estúdios de cinema que regurgitam de meninas levianas e sexys, onde os costumes não estão longe de serem depravados e a corrupção e o apadrinhamento são costumeiros, lembra a de uma acompanhante idosa no meio de uma banda de música de mocinhas. Sua presença é ali tão discordante quanto necessária, tão misteriosa quanto respeitada. Natasha Lytess provavelmente se beneficiou de alguma amizade de alto nível para conseguir aquele posto, inesperado para ela, recente imigrada europeia em 1945, e que lhe salvou a vida. Desde então, ela se tornou uma autoridade dentro da Columbia. Sua opinião é influente, seu apoio é buscado pelas starlets. Marilyn vai completar 22 anos em junho. Pateticamente pouco segura de si, é afetada ao máximo ("Nada nela era natural", dirá Lytess), veste-se com roupas escandalosamente justas ou decotadas, gagueja assim que treme e treme assim que gagueja, nunca ouviu falar de Shakespeare, não conhece nada de nada. E pede muito amor. Noite e dia.

Mas são também duas solidões que se encontram, dois vácuos afetivos, uma órfã luminosa em busca de família e de respeito, maleável, submissa, admirativa, e uma apagada viúva minada pela frustração e que necessariamente não pode ficar indiferente ao sol que emana de Marilyn, à adoração que esta última lhe devota em um piscar de olhos, a esse corpo irresistível, nu, que incendeia sua casa. Natasha Lytess se sente lisonjeada por suscitar tamanha admiração, fica perturbada com aquela sensualidade estrangeira, aquela sensibilidade exacerbada, mas, no fundo, feliz com aquela terra virgem e desprovida de tudo que aporta na sua casa e na qual vai poder plantar à vontade.

Marilyn finalmente achou o mestre, a mestra que procurava, que vai lhe ensinar a se tornar melhor, a melhor, que enxerga nela além das aparências, que é ao mesmo tempo a amiga, confidente, até mesmo a "mãe" em cuja casa encontra um lar de substituição. Bem depressa começa a passar a maior parte do tempo na casa de Natasha, cobre a filha dela de presentes, frequentemente fica para dormir no sofá.

Uma vez que tudo as separa, tudo as une.

Natasha "educa" Marilyn, que bebe suas palavras; ela a "corrige" segundo seus próprios critérios, esforça-se para retirar, uma por uma, as camadas de maquiagem e de afetação exageradas que a starlet, acreditando fazer o certo, se infligiu, sob as quais tentou sufocar a antiga Norma Jeane. Em vez de dissimular, Lytess obriga Marilyn a ir buscar no fundo de si mesma seu modo de ser. E sua personalidade. A não se esconder debaixo do cabelo louro. Ensina-a a colocar a voz. A respirar. A exigência, a intransigência de Natasha pouco a pouco dão confiança à aluna ávida, insegura, que lhe confia a vida e gosta de aconchegar a própria solidão toda rósea contra aquele corpo ossudo e enrugado. O elo muito forte que rapidamente se tece entre as duas mulheres seria de natureza um tanto quanto sexual? Será que os gestos ternos da professora em relação à aluna, que suas demonstrações de afeição em algum momento mudaram de natureza? Um beijo para começar, depois mãos que têm necessidade de tocar, de acariciar. Será que o corpo ressequido da viúva se sentiu arder de novo por causa da promiscuidade com aquela carne radiosa de erotismo? Que o puro espírito simplesmente se apaixonou pela loura burra? Pois se houve relação desse tipo, o sentido indubitavelmente foi esse. Natasha Lytess não tem muita coisa a perder, e os pretendentes não se acotovelam à sua porta; Marilyn ao contrário, menos ingênua e mais calculista do que se admite, tem muito a ganhar. Gozar do apoio imoderado de Lytess dentro da Columbia poderia lhe ser muito útil. Além do mais, o sexo lhe é indiferente e é quase impossível para ela separar amizade e amor, assim como seu corpo de seu trabalho, como se viu com diferentes fotógrafos e como se reproduzirá durante toda sua vida. Ligação sentimental e talvez física, portanto, ideal para explicar facilmente o rompimento violento que ocorrerá entre as duas mulheres alguns anos mais tarde, uma vez que Marilyn, que se tornou uma star, não vai mais querer saber de Lytess.* Contudo, a professora deve ter se apaixonado, e violentamente, por Marilyn. E Marilyn provavelmente se aproveitou pouco a pouco dessa fraqueza da professora para estender suavemente seu poder sobre ela. Em algumas semanas, a relação de força se inverte. A dominada não é necessariamente aquela que acreditamos ser.

Uma manhã, Natasha corre até a casa de Harry Cohn, o chefão da Columbia Pictures, para persuadi-lo de que na próxima produção que a empresa está em vias de realizar há um papel para sua aluna. "Veremos", ele responde. É um filme de music-hall. Ela sabe cantar? Dançar? Ela aprenderá, assegura Lytess, que desde então dedica todos os seus esforços e todo o seu tempo para preparar Marilyn para esse papel de stripteaser-cantora sexy de *Ladies of the Chorus* (*Mentiras salvadoras*). Claro, é cair direto no clichê, na banalidade da "cabeça de palha" de belas formas, mas é preciso se render à evidência: por ora, as probabilidades de oferecerem a Marilyn um papel de intelectual são muito escassas. Antes de estar em

* Com exceção de Matthew Smith, que pretende revelar (a partir de supostas gravações que Marilyn teria feito no final de sua existência para seu psiquiatra) uma ligação que ela teria mantido com a atriz Joan Crawford, a homossexualidade, ou pelo menos a bissexualidade, da star nunca foi comprovada.

condições de provar outra coisa, ela deve assumir seu status de *sexy girl*, e só então demonstrar que tem capacidade de fazer algo diferente. Marilyn não tem escolha. É preciso agarrar tudo, aceitar tudo. Sua situação é das mais precárias, ela não come o suficiente, vive em péssimas condições, instala-se por um tempo na casa de um ou de outro, para depois voltar para seu quarto triste e insalubre e esquecer que é sozinha. E também continuar andando sem rumo, reconstituindo o nomadismo de sua infância e seu não pertencimento a nada nem a ninguém, que, no entanto, lhe fazem tão mal, sem nunca largar as bagagens em algum lugar.

É um fato, o sedentarismo dá medo à jovem. Em toda parte há alguma coisa de que se deve fugir. Agravada pela morte de tia Ana, a depressão a persegue. Ela se refugia nos braços dos homens e, cada vez mais, nos vapores falsamente tranquilizadores do álcool. A órfã se sente mal-amada. Ela nunca se sentirá suficientemente amada. Os anos a recuperar são numerosos demais. Em todos os seres dos quais ela se aproxima, procura não apenas amor, mas alguma coisa ainda mais profunda, não longe da filiação. Quanto a seu próprio coração, ela o fechou já faz muito tempo.

Ele vai se reabrir brutalmente. Ou se abrir pela primeira vez.

A stripteaser principal de *Mentiras salvadoras* é obrigada a interpretar várias canções, das quais uma em particular parece ter sido escrita especialmente para Marilyn Monroe: *Every Baby Needs a Da-Da-Daddy*. Natasha Lytess envia, portanto, sua protegida para o homem que ocupa na Columbia as funções de professor de música, compositor, ensaiador, arranjador musical e pianista: Fred Karger. Na paisagem masculina que cerca Marilyn, Fred Karger é um espécime destoante: ele é jovem (32 anos, ou seja, só dez anos a mais do que ela), divorciado, um filho, bonito, talentoso, promissor e dotado de adoráveis pais carinhosos. Com seu fiozinho de voz e sua timidez doentia, a gagueira que ressurge sempre nos piores momentos, a starlet em ascensão escuta o sedutor professor, olha para seu queixo ligeiramente proeminente, seu ar voluntarioso, e não resiste ao seu charme. Loucamente. Ao charme dele, mas também do filho dele, do que ele é, do que representa, e sobretudo de sua mãe, Nana Karger, junto de quem ela vai imediatamente se enroscar como um gato.

Marilyn cantarola, aprende a cantar e a fazer amor com amor, abre seu corpo para os dias que virão. Ela se vê sonhando.

É uma criança, uma mocinha apaixonada pela primeira vez na sua existência, ruborizada e desajeitada, que cobre os Karger de presentes bem acima de suas posses e confia suas alegrias, suas fantasias e seus medos a Natasha, evidentemente. Natasha, tristonha, grisalha, de coração apertado desde que se viu obrigada a partilhar os cachos louros de Marilyn com os cabelos brancos de Nana Karger e os cabelos escovados de Fred, mas que está a pronta aceitar tudo para não perder aquela aluna especial e, como ela decerto já compreendeu, patologicamente volúvel. Marilyn quer agradar a qualquer preço. Ela frequenta assiduamente a casa dos Karger, prepara comida, lava louça, arruma, brinca com o filho de Fred, espreita o momento em que vão lhe propor se instalar lá para sempre. Em que vão abrigá-la. Ela não vê, não quer ver, a atitude desdenhosa de Fred em relação a ela, a distância que ele se esforça para estabelecer entre os dois, fora da cama. Marilyn não percebe que o coração de seu amante não bate no mesmo ritmo que o seu. Ela considera um novo casamento, por amor desta vez, que lhe daria, além de um marido que ela adora, o que a vida até então sempre lhe recusou: pais, um filho.

Natasha a adverte? É claro que ela não gosta de Karger e não sabe muito bem que interesse ele tem em Marilyn. Mas fazer o quê? Como dizê-lo? O assunto é muito delicado, os sentimentos de Marilyn muito vorazes. A relação se complica a cada dia. A apaixonada não percebe nada, humilha-se numa atitude de espera e vive inteiramente à disposição de Fred, segundo as vontades dele. Ela é uma desmazelada que um príncipe escolheu entre todas. Uma pobre menina das ruas amada por um senhor. Ela é menos do que nada, ao passo que Fred é tudo, inteligente, tão talentoso. Ela não está à altura dele, tem medo dele e quer se iludir. Marilyn acredita em histórias de amor. Ela se esforça, faz o possível para ser uma boa atriz durante a realização de *Mentiras salvadoras*, cantando como Fred lhe ensinou. E quando fica muito difícil, quando uma palavra fria, uma atitude ofensiva de Fred a destroem, quando de repente ela treme ante a ideia de que ele também terminará por abandoná-la, vai chorar por um momento nos braços de Natasha antes de retomar a espera, correndo para oferecer a Fred um relógio caro, gravado, que talvez a prive de comer o suficiente durante longos meses.

O filme é uma bobagem, mas ainda assim vários críticos destacam a performance de uma loura prometedora, uma bela jovem com uma voz interessante que se destaca no meio daquele amontoado de mediocridade. O chefão da Columbia também reparou. Para o grande desgosto de Natasha, que conhece perfeitamente a natureza de algumas de sua práticas, e que tentou desde o começo de certa forma "esconder" Marilyn de seus olhos concupiscentes, ele convidou a moça para um cruzeiro a dois no seu iate. A moça recusou. Foi despedida na mesma hora. No final do ano de 1948, Marilyn Monroe se vê, portanto, dispensada pela segunda vez de um estúdio de cinema.

No mesmo momento, Fred Karger parte seu coração por muito tempo (talvez para sempre, pois mostra para ela qual é o seu lugar, o lugar de Marilyn Monroe): não tem a mínima intenção de se casar com ela, ele lhe diz. Que ela olhe os fatos de frente: ele não pode decentemente propor como segunda mulher a seu filho uma moça como ela. *Uma moça como ela*. Uma moça que dorme com todo mundo, que é desejada mas não é respeitada, uma bomba sexual. Uma amante. Uma espécie de fantasia. Ninguém se casa com uma fantasia.

Destroçada, humilhada, a pequena starlet se pergunta se a criatura de sonho denominada Marilyn Monroe, que ela esculpe dia após dia, suando em bicas para extrair lama, não seria, no final das contas, sua pior inimiga.

No começo de 1949, a única luz para a moça é sua convocação para ensaiar uma ponta no próximo filme dos Irmãos Marx. Desprovida de seus rendimentos mensais, ela vive unicamente das fotos que eventualmente lhe propõem, aceita o que der e vier, anúncios, exibições de maiô ou sobre esquis (ou os dois ao mesmo tempo), durante torneios de golfe, partidas de beisebol, posa ao lado de Henry Fonda ou de outras celebridades, com seus cabelos longos e louros, ondulados, com o largo sorriso sempre lhe devorando o rosto, aquela expressão quase feroz de felicidade absoluta, embora tudo nela chore e suplique. A demissão da Columbia, ainda que por razões muito pouco profissionais que se saiba, abalou sua confiança (já pouco sólida). O sucesso de sua audição para *Love Happy* (*Loucos de amor*) só elevou por pouco tempo seu moral (a história é célebre: Groucho Marx teria pedido às três starlets candidatas para caminharem na sua direção; a que conseguisse, simplesmente caminhando, despertar sua libido decadente teria o papel. Marilyn esboçou alguns passos. Quando ela se virou, saía fumaça das orelhas de Groucho!). Mas ter "a mais bela bunda da profissão" (segundo o mais velho dos Irmãos Marx) continua não lhe permitindo comer, menos ainda enxergar a longo prazo.

Durante alguns meses, ela partilha o estúdio e a cama com o jornalista Robert (Bob) F. Slatzer, tão sem dinheiro quanto ela e apaixonado desde 1946 pela ninfa magnífica que lhe empresta o corpo de sonho quando ele deseja, para ele brincar com suas fantasias. Um corpo de sonho que lhe é oferecido para fotografar nu, no mês de maio, para um calendário e pela muito modesta soma de cinquenta dólares. É pegar ou largar. Marilyn imaginaria as consequências de um ato desses para sua carreira? Prefere varrer o pensamento com o dorso da mão, incapaz de ver mais longe do que o dia seguinte? Ou será que o desejo é mais forte do que a razão? Ela aceita. É uma promessa. Um direito. Um dever. Além do mais, ela está de fato com a faca na garganta. De certa maneira, é um bom pretexto. Então ela se despe inteiramente e estende o corpo dourado, o cabelo ondulado puxando para o ruivo, nas pregas de um imenso pano vermelho.

Ela é felina, curiosamente jamais impudica. As fotografias em questão, mais sugestivas do que ostentatórias, parecem, para a sociedade de hoje, até mesmo "castas". Veem-se as curvas, na realidade bem mais delicadas do que se imagina, de uma jovem de seios modestos, de perfil, estendida no chão como um gato. Nenhum pelo pubiano é mostrado. Nenhum mamilo aponta agressivamente. Mas a pele é suntuosa, resplandecente, soberba, o arco das costas, a linha dos quadris possui um contorno de um erotismo poderoso, as pernas são belas e bem torneadas.

As fotografias são vendidas em alguns dias e vão render uma fortuna para a empresa que as explora. Mas Marilyn recebe somente a magra soma prevista de início e é dispensada logo em seguida. Retorna à casa de partida. De castings a agências, com o book debaixo do braço e o coração a tiracolo, ela prossegue sua corrida ofegante em direção a uma glória sempre adiada.

Talvez tivesse ficado por ali. Talvez, durante anos, tivesse continuado a empregar todos os argumentos, a aceitar todas as propostas, a posar com as roupas mais ridículas, com os lábios entreabertos, *semiplaymate*, semiputa, com o maldito aluguel sempre a ser pago no final do mês, amante sustentada em meses de mais sorte, teria ido para a cama com todos os produtores, diretores, roteiristas, para eventualmente conseguir um dia um papel um pouco mais interessante do que os outros, antes de tornar a cair definitivamente no esquecimento. Teria visto seu corpo decair, impotente para conter o envelhecimento. E ela teria acelerado sua queda. Não teria sido a primeira. Era a sorte normal da grande maioria das starlets. Teria sido a de Marilyn Monroe. Se sua estrada não tivesse cruzado, na metade de 1949, com a do melhor agente de Hollywood, Johnny Hyde.

Miss Monroe & Doctor Hyde

A derradeira transformação, a decisiva, é ele.

O nariz é afilado e a forma do queixo reajustada por uma discreta operação de cirurgia estética. As roupas são retrabalhadas, de um sexy menos vulgar, mais sofisticadas, às quais se acrescentam joias caras. Quanto aos cabelos, alisados, cortados mais curtos e oxigenados de um louro na medida exata, valorizam o rosto e o porte do pescoço. Johnny Hyde controla tudo. Marilyn será fatal ou não será. É bem possível que a famosa pinta na parte inferior da bochecha esquerda seja ele também. Os restaurantes chiques de Los Angeles, as *soirées* de gala, os torneios, todos os lugares onde é preciso ir e se mostrar, o pequeno estúdio no Beverly Carlton Hotel, cujo aluguel é discretamente pago no final do mês, são ainda ele. Os primeiros verdadeiros papéis nos filmes de dois grandes diretores (John Huston e Joseph Mankiewicz), que provocarão o mea-culpa de Zanuck e um novo contrato de Marilyn com a Fox, desta vez de sete anos, são sempre ele: Johnny Hyde.

Ao conhecer a infeliz starlet, no ano em que ela completa 23 anos, Johnny Hyde, que poderia ser seu avô, não tem mais do que um ano e meio de vida. Mesmo que não saiba, pressente-o com muita intensidade depois de uma vida de excessos, três casamentos, três divórcios, diversas ligações e um ataque cardíaco. É um homem baixinho, extremamente poderoso e influente, riquíssimo, que exigiu para seu escritório uma cadeira especialmente concebida a fim de fazê-lo parecer um pouco mais alto. Ele é criador de celebridades.

Mas ele está com os dias contados. Assim, quando topa com Marilyn, que apareceu até então em quatro filmes ruins e foi dispensada por dois estúdios de cinema, errando entre agências e castings, com o estômago nas costas, John Hyde faz dela imediatamente sua amante, começa a sustentá-la luxuosamente, exibe-se na cidade do seu lado com seus sapatos realçados por grossos saltos, prosterna-se a seus pés e profetiza que ela vai se tornar a maior estrela de todos os tempos. Na recepção monstruosa dada na metade do ano em honra a Laurence Olivier e Vivien Leigh antes do começo da realização de *A Streetcar Named Desire* (*Um bonde chamado Desejo*), no Beverly Hotel, diante de todo o meio artístico, o baixinho Hyde chega com a jovem pelo braço, pequena planta imóvel, "como uma imagem fixa", como a descreveu Elia Kazan naquela noite.[1] Um belo objeto inanimado. Em outras palavras: um velho senhor tomado de amores pela jovenzinha, possuidora de uma bela bunda, é certo, mas totalmente destituída de talento. E, para a família escandalizada, um pombo ingênuo prestes a se deixar lindamente depenar.

Na realidade, todo mundo se enganava. Pois Hyde viu, sentiu em Marilyn Monroe o ser de poder assustador que dormitava, e a ajudou a sair de uma vez por todas de sua concha obstruída, multiplicando os esforços numa corrida patética contra o relógio, consciente de que não ficaria mais muito tempo sobre a terra para aproveitar sua obra; e apaixonou-se perdidamente tanto por sua criatura, a menina gaguejante que chorava nos seus braços afirmando que nunca ninguém tinha sido tão gentil com ela, quanto por sua metamorfose em indispensável diva de todas as fantasias, transbordante de segurança sensual.

Todo mundo está errado, pois ainda que Marilyn deva muito a Johnny Hyde*, ela se recusou a casar-se com ele. Para o grande desgosto de seus filhos, o homenzinho, de fato, estava tão encantado que pediu em casamento a voluptuosa ninfeta, que ele queria fazer sua herdeira antes de morrer.

Mas Marilyn Hyde, viúva chamejante, com os bolsos cheios de milhões, propriedades, serviçais, títulos, conselheiros, advogados, teria conhecido uma existência inteiramente

---

* É ele que lança de fato sua carreira até então claudicante. Depois de uma tentativa abortada – o fracasso justificado do mau filme *A Ticket to Tomahawk* (*O que pode um beijo*) produzido pela Fox, no qual lhe consegue um pequeno papel em 1949 –, ele obtém para ela um encontro com John Huston que está procurando uma loura muito sexy para encarnar a namorada de um mafioso no seu último filme. A partir dessa data, a máquina vai deslanchar e será impossível fazê-la parar.

diferente. E não das menores. Uma charmosa revanche social para a órfã nº 3463, que poderia ter oferecido à mãe uma casa, até mesmo um castelo, com pianos brancos em todos os cômodos, pagar uma renda mensal a Grace Goddard, cobrir de presentes sua meia-irmã Bernice Miracle, bem como Nana Karger, a mãe de Fred, ou ainda Natasha Lytess. Ela não acredita nisso, possivelmente. Ela não quer. Não é, segundo ela, o destino de Marilyn Monroe.

A decisão, apesar de tudo, deve ser difícil de tomar. Hyde tem urgência, é um homem em agonia. Marilyn sabe que tão logo Johnny morra, sem um elo legal entre eles, ela vai se ver na mesma situação de antes, passando necessidade e posando, na penúria, para calendários. Contudo, ela se recusa a casar-se com ele. Categoricamente. Vai se fazer por si mesma. E se casará por amor, ela diz. Para seu benfeitor ela demonstra ternura, afeição e reconhecimento eternos. Mas não está apaixonada por ele. Nobres e louváveis escrúpulos, mérito dela, um pouco surpreendente contudo quando se sabe do impasse no qual se encontra a jovem na época; quando, de resto, é notório que ela nunca deu provas de tanto comedimento ou pudor. Ato suicida ou egoísta, estúpido ou de uma lucidez rara (provavelmente tudo ao mesmo tempo), a recusa da proposta de Johnny Hyde recoloca Marilyn nas margens e na solidão que fundamentalmente a constituem. Ela ainda acreditava no amor, no grande amor, apesar de seu passado já pesado e sua frustração com Fred Karger, por que não? Vestígios de uma ilusão de criança, como uma lamparina tranquilizadora que se deixa acesa durante a noite? A certeza, por outro lado, é que ela não quer, não quer mais depender de um homem ou de quem quer que seja financeiramente, princípio ao qual ela se manterá fiel até o fim da vida. Suas alienações serão outras, psicológicas ou fisiológicas. Mas Marilyn jamais será uma mulher sustentada. Ela nunca mais será aquela menininha à espera de um lar de acolhida.

Para a audição com John Huston, Hyde aconselha Marilyn a preparar bem seu texto com Natasha e ser o mais atraente possível, de acordo com o papel cobiçado. A starlet está tremendo de medo. Ensaia dia e noite com Lytess. Acha que o papel foi talhado para ela. Cada filme constitui uma pedrinha suplementar no caminho que deve conduzi-la à glória. Nervosa, pouco segura de si, apresenta-se sorrindo com afetação diante do mestre, apertada dentro de um vestido dos mais audaciosos, com o sutiã estufado de lenços. O produtor não nasceu ontem. Dirige-se na mesma hora para ela e, sem preâmbulos, a desfaz de seus artifícios supérfluos.

– E agora passemos ao texto, senhorita – propõe ele.

Confusa, Marilyn pergunta se pode se recostar para pronunciar sua fala. Uma primeira vez. Uma segunda vez. Com seu fiozinho de voz ofegante. Ela insiste em recomeçar. Tem muita vontade de fazer bem feito, mostrar que é mais do que a menina sexy cuja aparência ela utiliza para sobressair e adquirir coragem. Huston dá de ombros:

– Se você quiser.

Seu olho profissional, experimentado, não liga para subterfúgios, para o lado exagerado e artificial da jovem atriz. O que ele vê é o brilho da pele, a aura que emana do corpo, do rosto, o impacto devastador sobre sua equipe: desde que Marilyn entrou, os técnicos não deram mais um pio. Reina um silêncio pesado no palco, entrecortado somente pela fala ofegante da starlet, que dá a impressão de estar à beira da sufocação.

– Está bom – termina interrompendo-a Huston. – Você não precisava ter repetido isso. O papel já era seu.

Produzido pela MGM, *The Asphalt Jungle* (*O segredo das joias*) tornou-se um clássico do gênero policial. Nesse filme *noir* e realista lançado em 1950, o único toque de luz é trazido pela "sobrinha" de Louis Calhern, aparição de alguns minutos encarnada por Marilyn Monroe de vestido preto e penteado elegante. A obra obteve um belo sucesso, tanto na imprensa quanto junto ao público. A cada projeção, os espectadores aclamavam ou assobiavam barulhentamente para a bonita menina de cabelos de ouro e curvas agressivas cujo nome ficou desastradamente perdido no meio dos créditos.

A MGM recebe centenas de cartas, todas fazendo a mesma pergunta: quem é a loura que contracena com Calhern? Johnny Hyde exulta. Para ele, é certo, Marilyn está prestes a entrar na corte dos grandes, que é onde ela deve estar. Seu verdadeiro valor vai finalmente ser reconhecido. Mas nada acontece. Ninguém reage como ele esperava. No departamento de louras, a MGM já tem Lana Turner e a Fox Betty Grable. Marilyn não desanima. Continua a tomar aulas de arte dramática com Natasha e a aceitar todas as sessões de fotografia que se apresentam. Quando lhe darão de verdade uma oportunidade? Ela aguarda, aceita fazer a quantidade de pequenos papéis que o bom Johnny lhe arranja e que ela encadeia em um ritmo frenético. Mulher elegante e *blasée* em *Right Cross* (*Por um amor*); espectadora de corridas de patins em *The Fireball* (*O Faísca*); secretária voluptuosa e ingênua em *Home Town Story* (*Em cada lar, um romance*), apenas no ano de 1950.

E então finalmente chega *All About Eve* (*A malvada*), de Mankiewicz, um filme magnífico, de roteiro fascinante, que ganhará seis vezes o Oscar. No dia da filmagem, Marilyn está paralisada de medo. Chega ao local da filmagem com uma boa hora de atraso e se engana de tal maneira nas suas falas que são necessárias numerosas tomadas antes de se poder colocá-las em caixas. Tudo isso para uns poucos minutos. Pois por trás das grandes vedetes de um casting suntuoso, Marilyn, mais uma vez, tem apenas um pequeno papel, o de Claudia Caswell, uma atriz iniciante que aparece de braço dado com George Sanders durante uma grande recepção dada por Margo Channing/Bette Davis. Com os ombros nus, num vestido comprido sem alças de cor clara, coberta com um vison branco, ela faz o papel da starlet cujos olhos brilham de admiração diante da grande estrela declinante que é Bette Davis. Ela encarna a substituta, ainda despreparada e amedrontada, possuidora de um erotismo de que parece não ter consciência e que a ultrapassa, num mundo onde, para sua grande surpresa, todos (produtores, diretores, gente de teatro ou de cinema) se parecem com "coelhos infelizes".

– É porque é o que eles são – responde-lhe o crítico cínico interpretado por Sanders. – Vá ficar com eles, seja boazinha e faça-os contentes – ele lhe aconselha, descobrindo seus ombros dourados.

E Marilyn avança, langorosa e fatal.

Zanuck, que produz o filme, tem que se render à evidência. Tão logo a "cabeça de palha" aparece na tela, ela esmaga todas as outras, Bette Davis e Anne Baxter inclusive. Ele não pode ignorar as cartas cada dia mais numerosas que afluem na Fox desde que *Eve* foi lançado, pedindo fotos de Marilyn Monroe.

– Há alguém falsificando os números ou o quê?

– Não, chefe. Tudo que chega diariamente pelo correio é para falar de miss Monroe.

– Então podem contratar essa menina – resigna-se Zanuck.

– Já fizemos isso e já mandamos embora – objetou alguém.

– Pois que seja recontratada! – berra o patrão. – E ponham-na no primeiro filme que precisar de uma loura.

Marilyn volta à 20th Century Fox, dessa vez por sete anos, dotada de melhor tratamento (quinhentos dólares por semana passíveis de aumento a cada seis meses), e Natasha Lytess junto, incluída pela atriz sem discussão no contrato. Era o último presente de Johnny Hyde para uma starlet chamada Marilyn Monroe.

Ele morreu no dia 18 de dezembro de 1950.

Sete anos de decepção

A priori, Marilyn Monroe está no umbral da glória.

Conseguiu ser notada, e os jornalistas vivem atrás dela, curiosos para saber o que vai acontecer, verificar se o fenômeno vai continuar se amplificando ou, ao contrário, cair no esquecimento. Admiradores cada dia mais numerosos colecionam suas fotografias. Sobretudo, a reviravolta da Fox lhe assegura de agora em diante remunerações corretas e promete finalmente verdadeiros papéis, com seu nome acima do título do filme, que ela espera que estejam à sua altura, diferentemente da imagem de menina sexy e vaporosa que a tornou conhecida. Seu talento de atriz, ela acha, está sendo pouco a pouco admitido. Em resumo, o nome de Marilyn Monroe começa a circular seriamente em certos meios. Ela é a *playmate* vista com mais frequência nas manchetes das revistas. É requisitada em toda parte. Deveria estar feliz.

Mas Johnny Hyde acaba de morrer. A família dele proíbe a presença da provocante starlet nas exéquias. Nesse dia, contudo, uma jovem de formas exuberantes e cachos louros mais ou menos bem dissimulados sob uma mantilha preta, apoiada no braço de uma mulher de uma certa idade que se parece estranhamente com Natasha Lytess, convida-se, tão discretamente quanto possível (ou seja, bem pouco), para a cerimônia. Desesperada pela perda do amigo que acreditava tanto nela, seu precioso apoio, seu "pai", ela teria se jogado em cima do caixão soluçando, cena que ela própria relatou mais tarde, mencionada em toda as obras. Imagina-se o escândalo. Pois ei-la de novo sozinha, abandonada mais uma vez com suas dúvidas e seus fantasmas, e o futuro decerto excitante que tem diante de si não basta para segurá-la junto dos vivos, lutando contra o apelo do abismo, esse desespero que vem em ondas submergi-la depois de períodos de exaltação louca, lembrando-a de onde ela vem, do que sofreu, da armadilha loura na qual se encerrou e que corre o risco de asfixiá-la num dia ou noutro.

24 de dezembro de 1950, de manhã.

Depois de um breve período de remissão, sua mãe finalmente voltou para o asilo. O pai nunca quis saber dela. Ela está desesperadamente só. Atriz medíocre, menina perdida. No espelho, seu reflexo a desagrada. Qual o preço da desnaturação que a fez chegar onde está? Um carteiro se apresenta com um grande pacote, enviado por Johnny Hyde na véspera de sua morte. A sensível criatura não esperava receber um presente naquele dia, menos ainda do além-túmulo. Trata-se de uma estola de vison. Uma estola de vison para sua princesa, sua estrela. Princesinha agarrada pelo nada, que engole todos os remédios de sua farmácia e deixa um bilhete dirigido a Natasha em cima da porta. Primeira saída frustrada em direção aos bastidores eternos. Ela é, desta vez, resgatada na última hora pela chegada de Natasha Lytess e salva por uma lavagem de estômago seguida de uma curta permanência no hospital. Escapa-se como se pode ao suplício do Natal. A morte aguardará, portanto. Por ora, é preciso botar outra vez a fantasia de loura e apresentar, entre duas lágrimas, seu mais radioso sorriso às câmeras. O ano de 1951 deve ser decisivo no plano profissional: ou bem ela se consagrará como Marilyn Monroe, ou bem ela a mandará definitivamente para o nada de onde veio.

Já em janeiro a 20th Century Fox trata de dar um pequeno papel à sua nova loura, numa insignificante comédia realizada por Harmon Jones, *As Young as You Feel* (*Sempre jovem*): o de Harriet, secretária sexy e ingênua que requebra os quadris enfiada em vestidos que deixam muito pouco espaço para a imaginação. A avalanche de cartas que os estúdios recebem logo que o filme entra em cartaz deveria em princípio convencer Zanuck de que Marilyn Monroe é de fato bonita demais para encarnar perpétuas secretárias, que sua voz muito singular, seu penteado, suas curvas provocantes, suas entonações, seu jeito de andar e as expressões do rosto, agora devidamente ajustados, começam a penetrar no inconsciente dos espectadores. Não foi o caso. Zanuck continuou não reagindo, insistindo na mediocridade do talento da atrizinha. A "secretária" submissa e serviçal é uma fantasia masculina, da mesma maneira que a enfermeira ou a aeromoça.* Darryl Francis Zanuck não vê Marilyn num outro lugar. Fantasia ela é, fantasia deve continuar.

Nesse estágio, seria necessário tentar mostrar o que Johnny Hyde percebeu, o que Zanuck continua não enxergando, a razão para Marilyn sobressair-se entre todas as starlets bonitinhas de Hollywood, distinguir-se da massa e se tornar o mais poderoso símbolo sexual do mundo. Por que ela? Por que aquela menina "estereotipada", sem talentos, "absolutamente fosca" (sentenciou um de seus parceiros atores), artificial e em vários aspectos lamentável? Como explicar o magnetismo, a absurda força de atração, a dependência que ela engendra nos outros? Por qual necessidade, real ou não, ela responde? Pois nesse começo de 1951, a criatura está praticamente pronta. Os cabelos encontraram a correta descoloração, a maquiagem está pronta, a silhueta perfeitamente modelada, as poses e os efeitos foram bem ajustados. Contudo, isso bastaria para criar o acontecimento? Certamente não. Marilyn é mais roliça, mais exuberante do que as outras atrizes de seu tempo? Não verdadeiramente. Mas, desde a descoberta que um dia fez no colégio, ela compreendeu o poder de uma roupa bem justa, como tirar vantagem de todas as partes de seu corpo, como parecer sugestiva, eloquente, provocante. Artifício ou exagero que excitam o interesse da imprensa sempre em busca de sensacionalismo. E ao mesmo tempo uma fragilidade à flor da pele eminentemente perceptível, um desespero palpável.

De fato, se o espectador fica ofuscado pela imagem alva, cheia de curvas, fulgurante, fresca e pura da jovem

* Fantasia de que, aliás, Marilyn participa, pois ela, em diversas ocasiões ao longo de sua vida, "fará o papel" de secretária de vários de seus amantes, disfarçada, travestida, dissimulada sob perucas e por trás de óculos bem-comportados, num tailleurzinho austero.

Marilyn Monroe na tela, é também por adivinhar que entre duas tomadas os técnicos do set de filmagem são obrigados a ir desencavá-la no recesso para onde partiu com a intenção de se encolher e chorar à vontade e ser verdadeiramente ela mesma: um ser miserável e abandonado, sem nenhuma confiança em si, que a presença de Natasha Lytess não consegue acalmar inteiramente. É por isso que Marilyn despertará nos homens assim como nas mulheres uma profusão de sensações diversas (do desejo à compaixão) mas também hostis. Todos captam bem depressa que a loura fatal de nome Joyce que aparece em outra comédia da Fox rodada em abril, *Let's Make it Legal* (*Joguei minha mulher*), ninfeta/manequim desejosa de se casar com um milionário (outro tema recorrente), de lábios proeminentes e sinalzinho agora bem visível, como a voluptuosa Roberta que vem perturbar, no mesmo ano, a vida do simpático casal nova-iorquino de *Love Nest* (*O segredo das viúvas*), não passa de uma ilusão, um efeito especial de cinema que se evapora uma vez apagados os projetores. Não é nem evidente, nem mostrado de propósito, mas está latente desde os primeiros papéis de Marilyn. Mesmo sendo fatal, nunca é vamp, segura de si, arrogante ou inacessível, como era Jean Harlow. Simples e doce, pede apenas para ser amada, sempre cheia de humanidade, de bondade, mesmo ao surgir de maiô na beira de uma piscina (*Joguei minha mulher*), com suas coxas roliças, a maquiagem excessiva e as joias, suas intenções bem definidas de seduzir a qualquer preço o homem rico de que todo mundo fala. A fratura é perceptível. Revela-se a órfã, a infeliz atormentada pela loucura e pela morte, a injustiça reparada, a revanche exercida sobre um mau começo. A sétima arte é feita para criar desejo. E identificação. Com Marilyn, ela encontrou a encarnação perfeita do sonho americano. Era importante não desfazê-lo. As mídias, e ela acima de tudo, iam se encarregar de mantê-lo.

Enquanto aguarda, a star em potencial está tão pouco à vontade dentro de suas roupas quanto nos trabalhos que a Fox continua lhe arranjando. Se Marilyn/Joyce, verdadeira bomba erótica, não fica acima de uma Claudette Colbert sempre maliciosa mas de todo modo envelhecendo, é tanto por causa das numerosas fraquezas de um roteiro pouco digno de crédito quanto de um erro suplementar de Zanuck, que persiste em confinar Marilyn ao segundo plano, embora as pessoas só tenham olhos para ela. Nos filmes ordinários produzidos uns depois dos outros, em que a mediocridade do texto é compensada somente pelas cenas em que Marilyn aparece (cenas que parecem acrescentadas à intriga com o único pretexto de mostrar a loura de que todo mundo está falando vestida com os trajes mais pavorosos), só ela retém a atenção. Não unicamente porque é bonita, sexy, provocante. Também, e sobretudo, porque está sozinha, sempre, sem família nem vínculo, sem passado, surgindo de parte nenhuma no meio de uma história estranha, com seus fru-frus, afetações, seu ar ingênuo, surpreso e confiante, atuando nos dois cenários: tanto na tela quanto junto dos jornalistas, a quem logo trata de contar sua infância difícil e infeliz, o orfanato e seus pais mortos, o que, no caso dela, não é nem uma mentira nem um cálculo carreirista. Apenas uma das verdades do mundo de quimeras onde ela se refugiou. E Johnny Hyde, por quem ela ainda chora. Marilyn tem a lágrima fácil, uma maneira de responder às entrevistas com grandes olhos tristes e queixosos, um instante depois faiscantes de malícia e insolência. E para envolver o conjunto, algo novo que começa a se afirmar e será uma das marcas registradas da atriz: o humor, o senso de réplica, da frasezinha de efeito, da manipulação. Monroe, a irresoluta, a indecisa, a tão pouco segura, frequentemente dará prova, para a mídia, de um espírito incisivo e marcante, uma maneira eficaz de modificar sua imagem. Ela começa a aplicá-la, consciente de que é melhor parecer mais forte do que se é. Incompreensível Marilyn, que continua a posar para os anúncios mais idiotas, de short e salto alto, a fazer o papel da loura disponível para um acontecimento esportivo ou qualquer outro, zanzando permanentemente com livros de Proust e Freud debaixo do braço, fingindo estar inscrita num curso noturno de literatura na Universidade da Califórnia.

Marilyn Monroe excita e comove. Praticamente todo mundo, dos técnicos cada vez mais numerosos nos sets nos dias em que ela trabalha, a ponto de ser preciso imediatamente bloquear-lhes o acesso, aos simples anônimos. Eis porque aos poucos ela se impõe ao renitente Zanuck.

No outono de 1951, a Fox aumenta seu salário. A starlet não está longe de gozar do tratamento de star, só faltam os papéis. A profecia de Johnny Hyde está em vias de se concretizar. Curioso status o dela, entretanto, situação inédita de uma mulher consagrada como estrela antes de ser confirmada como atriz. Graças a seus novos meios, Marilyn se cerca de gente, pode pagar uma companhia. Contrata uma conselheira financeira (encarregada entre outras coisas de cuidar da sua mãe e providenciar a transferência dela para uma casa de saúde melhor) e utiliza os serviços de Natasha Lytess de modo permanente e oneroso. Ela agora tem dinheiro. Pode se permitir tudo, se oferecer tudo. Ir atrás de alguns sonhos de menina. Assim, ela contrata um detetive para descobrir aquele que supõe ser seu pai e cuja foto a acompanha. O profissional faz bem seu trabalho e fornece a Marilyn o telefone e o endereço dele. Por insistência de Natasha, Marilyn tenta falar com Stan Gifford antes de ir pessoalmente se entender com ele. Sua nova mulher lhe transmite o recado: Gifford recusa-se a falar com ela. E se ela tem reclamações a fazer, que entre em contato com o advogado dele em Los Angeles.

A menina cai em prantos. *Every Baby Needs a Da-Da-Daddy*. Não existiria sobre a terra um Daddy interessado nela?

Eles eram todos seu pai (*Intermédio*)

Arthur Asher Miller tem 36 anos, testa alta, cabelo preto quase crespo gomalinado para trás num crânio mais ou menos pelado, grossos óculos redondos, um cigarro ou um cachimbo nervosos no canto da boca. É alto e seco, quase magro, com uma cabeça pequenina encimando seu corpo de varapau. O rosto é emaciado, solene, olhos escuros, um queixo minúsculo, as orelhas ligeiramente descoladas. Gravatas e ternos escuros, nenhuma extravagância. Um físico austero, a caricatura do intelectual, com um falso ar de Abraham Lincoln. Arthur Miller é o segundo filho de uma opulenta família judia nova-iorquina (o pai era dono de uma fábrica com oitocentos empregados). O cenário principal de sua infância partida: um magnífico apartamento de frente para o Central Park. Uma infância partida a partir de 1929 pela ruína financeira e pelo desespero de seus pais, desmoronamento que marca o começo de seu engajamento político. Arthur Miller é casado com uma moça católica, Mary, que compartilha suas convicções de esquerda e que ele conheceu na universidade em 1936. Eles têm dois filhos, nenhum dos dois praticante. Suas três últimas peças, *All my Sons* (*Todos os meus filhos*), escrita em 1947, *Death of a Salesman* (*Morte de um caixeiro-viajante*), em 1949, e *An Enemy of the People* (*Um inimigo do povo*) – adaptação de um drama de Ibsen –, em dezembro de 1950, consagraram Arthur Miller como o maior dramaturgo americano de sua época. O homem adquiriu segurança e chega até a exibir uma certa arrogância. Suspeito de ser comunista, está na linha de mira da Comissão de Investigação de Atividades Antiamericanas.

No começo do ano de 1951, ele se encontra em Los Angeles para um projeto de roteiro. Seu (ainda) amigo Elia Kazan, que dirigiu brilhantemente *Morte de um caixeiro-viajante* no teatro e acaba de obter um sucesso estrondoso com a adaptação cinematográfica de *Um bonde chamado Desejo*, está persuadido de que Miller, pouco à vontade dentro do casamento, sufocado por sua moral tradicionalista, sua probidade e seu senso de honra, na realidade está ardendo por dentro e precisando frequentar gente mais vulgar. Sonha fazer dele um de seus companheiros de esbórnia (Kazan, ainda casado, não tem os mesmos escrúpulos de Miller) e o apresenta ao meio do cinema, às recepções sulfurosas nas mansões de Beverly Hills, arrasta-o para os estúdios, por atrás dos cenários, nos sets, no fundo dos camarotes.

É lá, entre duas claquetes e sob uma espessa camada de poeira, que ele cruza pela primeira vez com "a criatura mais triste que conheci na vida" [1], uma falsa loura de 24 anos e meio, atriz de segunda categoria, confinada dentro de papéis de idiota, em torno da qual todo mundo rodopia com uma sofreguidão vulgar, e que Kazan cobiça sem cerimônia desde a morte de Johnny Hyde. Uma galinha. A vadia diante da eminência parda. Em princípio, dois universos opostos entre si, destinados a nunca se encontrarem, totalmente inacessíveis um ao outro. Consequentemente, pura fantasia um para o outro. Marilyn sonha em conviver com intelectuais, procura a estima e o respeito que em Hollywood, ela sabe, onde as pessoas a tomam por uma idiota ou uma puta, tem pouca chance de obter. Marilyn Monroe aspira a um reconhecimento além do corpo, é louca para aprender, cultivar-se, enriquecer-se, preencher os vazios de sua infeliz educação. Quer ser legitimada. Quanto a Miller, ele se encontra simplesmente diante da mais bela mulher que, mesmo em seus delírios mais desenfreados, jamais ousou imaginar. Belíssima, excessivamente bela para ele. A loura sexual fica fascinada pelo homem de preto, por seu espírito brilhante, sua respeitabilidade, sua idade. Ela gagueja e suplica com o olhar. O dramaturgo vê o corpo dela vibrando e, ao mesmo tempo, os olhos vermelhos, inchados, as olheiras de insônia. Ele atende ao pedido de socorro. Percebe de chofre a incoerência que botou uma alma de criança num corpo de deusa. Sente na hora desejo e culpa. Olha Kazan pousando suas grandes mãos sobre a pele branca da

Eva vaporosa. E se flagela violentamente para se punir pelos pensamentos impuros.

Durante uma grande recepção dada em sua homenagem por um produtor, Arthur Miller dança com a tentação com o assentimento de Kazan, que faz o gênero emprestador. Com os olhos cativados, deslumbrados, reduzido ao estado primitivo de exclusiva pulsão, o intelectual cede pouco a pouco à promessa da carne. Testemunhas relataram ter visto Miller, com as faces em fogo, acariciar o pé de Marilyn.* Para uns, eles se tornam amantes desde essa data e continuarão sendo a cada estadia de Marilyn em Nova York. É pouco provável. O que é certo, por outro lado, é que há uma perturbação recíproca e que um elo se tece entre eles, um desejo que será nutrido pela separação e pela proibição. Dilacerado entre o dever e o desejo, preso no dilema tão velho quanto a humanidade, Miller retarda o retorno para sua fazenda em Connecticut onde o aguardam Mary e seus filhos. Kazan, Marilyn e ele formam um trio estranho: os dois primeiros são amantes enquanto o terceiro segura a vela, fala de literatura com ele e está louco de tesão por ela. Quanto à starlet, ela dá seu corpo ao diretor na esperança de que ele lhe ofereça um papel (o que jamais acontecerá). Não tem importância – desde que mr. Kimmel ultrapassou as fronteiras, seu corpo é de todo mundo. Ao mesmo tempo, lança olhares de súplica ao dramaturgo, que ela tem perfeita consciência de enlouquecer. Ele termina decidindo fugir o mais rápido possível, pois seu casamento e sua saúde mental estão ameaçados.

No aeroporto, Kazan tem a ideia perniciosa de trazer para a cena dos adeuses uma Marilyn deliciosa, vestindo "uma saia bege, uma blusa de cetim branco, uma fenda do lado direito"[2], última imagem que Miller, cambaleante, leva junto com a bagagem. Depois de trocar endereços com a pecadora, ele parte para a Costa Leste para encontrar a mulher, a progenitura e a máquina de escrever, prometendo à atriz mandar notícias.

* Na sua autobiografia, Miller sequer afirma ter falado com Marilyn durante essa recepção.

Marilyn volta para sua mentira loura, busto oferecido e roupas cada vez mais ousadas. Num canto da sua cabeça, ela instala a ideia inteiramente tresloucada de um dia se casar com Arthur Miller, e coloca a foto dele na mesa de cabeceira. Enquanto aguarda, vai para a cama com Elia Kazan.

Sete anos de decepção (*Suíte I*)

Final de 1951. Raras são as semanas em que Marilyn Monroe não figura na primeira página de uma revista, *cover girl* preferida dos militares e do jornal que lhes é destinado, *Stars and Stripes*. A Fox "emprestou-a" à RKO para trabalhar em *Clash by Night* (*Só a mulher peca*), um filme de Fritz Lang com Barbara Stanwyck. É amante de um dos maiores diretores americanos e mantém uma correspondência com um eminente dramaturgo. Recebe três mil cartas de fãs por semana. Ela, Marilyn Monroe, ex-Norma Jeane Mortensen, frustrada em quase tudo, sem educação, sem família, asfixiada, abandonada, violada.

Mas isso não basta. Há muito mais a apagar, a desagravar. Ela tem 25 anos, uma idade limite em Hollywood. Não dá mais para perder tempo. Dentro dela, sempre, essa insatisfação crônica, essa busca sem objetivo, esse complexo de inferioridade que a impedem, ela crê, de progredir. Marilyn faz agora aulas de arte dramática com um novo professor e se prepara o melhor possível para seus papéis com Natasha Lytess. Nos sets, doente de medo, de vergonha e por não saber interpretar, ela vomita antes das tomadas. Precisa de Natasha, contra tudo e contra todos, mesmo contra Fritz Lang, que se opõe à presença da indesejável dama de preto. Mas a atriz está aterrorizada pelo grandioso diretor. Ela esquece suas réplicas, é sujeita a ondas de calor e vertigens. Obstinada, termina conseguindo que Natasha não saia do seu lado e até lhe segure a mão durante os *close-ups*. A equipe inteira a apoia e não tem olhos senão para ela.

– Céus, mas é tudo para essa putinha loura! – chega a se indignar Paul Douglas, que faz o papel principal junto com Barbara Stanwyck.

– Pudera, Paul, ela é jovem e muito mais bonita do que nós – suspira Bárbara.[1]

Continuar fingindo que está feliz, que gosta dos prazeres, de estar viva. Marilyn fulgura diante das câmeras e desmorona atrás delas. Ela gostaria de ser amada pelo que é e não pelo fenômeno louro que a devora em fogo lento. Mas – e é o cerne de sua tragédia – ela não é a primeira a alimentá-lo e a usá-lo quando precisa?

No final do ano, no momento em que Kazan, cansado de seus encantos, rompe com ela para passar para uma outra, Marilyn decide dar uma grande cartada: na noite do jantar da convenção comercial da Fox, onde se reúnem as grandes estrelas da casa (de Gregory Peck a Lauren Bacall), sem contar os dirigentes, os agentes publicitários e centenas de pessoas do meio artístico, ela chega uma hora depois de todo mundo, quando todos já estão sentados e começaram a comer. O bruaá ensurdecedor da sala dá lugar repentinamente a um silêncio pesado de eloquência. A silhueta extraordinária da loura radiosa, angelical dentro de um vestido preto sem mangas, com a pele diáfana e suntuosa transbordando de todas as partes, surgiu no enquadramento da porta. Ela dá um tempo, calcula o efeito, ostenta o mais seguro dos sorrisos. Antes disso, ela passou o dia reunindo coragem. Ruminou o ódio de si, engoliu alguns euforizantes, um pouco de champanhe. Experimentou mil vestidos, se achou feia e gorda, vulgar, sem distinção. Dedicou horas se pintando, se penteando, se mascarando. Reassumindo o papel.

E quando se sentiu pronta, ela entrou em cena.

Na plateia, as mulheres levam um soco no estômago. Os agentes já estão com a cabeça cheia de cifras. Os homens estão fulminados. O presidente da 20th Fox ordena que se faça um lugar do seu lado, na mesa de honra, para a jovem que acaba de chegar. No dia seguinte, Zanuck recebe a ordem de passar a tratar miss Monroe como uma star e de apostar nela em termos publicitários (fotografias, imprensa, operações promocionais de todo tipo). Mas Marilyn é sem nenhuma dúvida a melhor artesã dessa febre midiática. De agora em diante ela sabe como agir. Já vai longe a época em que era apenas uma operariazinha de macacão, de cabelos frisados e sorriso ingênuo, que embalava paraquedas e gaguejava assim que abria a boca. No presente, todas as ocasiões são boas para se fazer notar, fazer com que falem dela. Atrair os olhares? Manipular os jornalistas e botá-los no bolso? Uma brincadeira de criança. Ela se sai bem como uma pessoa importante, não hesita mais em passar dos limites. Durante a solenidade de entrega do Henrietta Award no começo do ano de 1952, Marilyn se apresenta dentro de um vestido sem alça com a parte de cima tão pequena, tão justa que a metade de seus seios está à mostra. Pela primeira vez, é acusada de levar a provocação longe demais. A imprensa – ou seja, mais de quatrocentos jornais – denuncia a obscenidade do seu traje, ao mesmo tempo publicando abundantemente fotos do delito, que a Fox, prudente, censura para evitar qualquer problema com a polícia de costumes. Marilyn zomba dos falsos decorosos, espanta-se com a hipocrisia ambiente e faz com sua vozinha a seguinte pergunta:

– Em vez de procurar saber até onde uma mulher pode deixar revelar o nascimento de seu busto, talvez fosse melhor se perguntar se é preferível ela tê-lo ou não. Não acham?[2]

Ela está bem decidida a aproveitar o turbilhão que desencadeia e ir até o fim de sua composição. As excentricidades de Marilyn Monroe, ela acredita, não a atingem diretamente. É sua personagem pública, seu Carlitos pessoal. Seu duplo. Ao entrar em casa, ela a pendura no cabide. O problema, diferentemente de Chaplin, é que ela é praticamente a única que sabe disso. Muito poucos são os que, de fato, percebem a diferença entre a mulher inventada e a outra. A outra, precisamente, tem perfeita consciência de alcançar pouco a pouco a notoriedade por intermédio de sua boneca loura e não graças a suas performances de atriz. Mal-entendido que a mergulha em profundas crises de depressão. Mas 1952 mal está começando, ela ainda não perdeu a esperança de se desembaraçar um dia da estorvante criatura. Nem de que um homem a ame por mais tempo do que uma noite, queira se casar com ela e lhe fazer filhos. Um dia, dentro em breve. Arthur Miller? Com ele a revanche seria fantástica, ela iria mostrar para os que acham que ela é idiota. Um dia, quem sabe...

De vento em popa, Marilyn Monroe trabalha em uma nova comédia da Fox, *We're not Married* (*Travessuras de casados*), junção de pequenas histórias sobre as reações de diferentes casais quando ficam sabendo que estão casados ilegalmente. A loura encarna Annabel, jovem rainha da beleza coroada Miss Mississippi, que aspira a se tornar "a mulher mais célebre dos Estados Unidos" e desfila sobre os pódios de maiô, enquanto o marido fica em casa cuidando do bebê. Nada de novo para a atriz, pin-up de coxas roliças cujos seios aumentam a olhos vistos de filme em filme, nessa produção em que ela faz o papel de garota sexy e ingênua num roteiro fraco e sem grande originalidade. Contudo, no mesmo momento, os dirigentes da Fox que examinaram a montagem de *Só a mulher peca* e saíram convencidos dos progressos de Marilyn pensam nela para encarnar a *baby-sitter* psicótica e infanticida de um drama de Roy Baker, *Don't Bother to Knock* (*Almas desesperadas*). Um papel principal, finalmente, e completamente inapropriado. Curiosa escolha. Marilyn exulta, vai ter oportunidade de mostrar seu valor e começa logo a trabalhar duramente com Natasha (que está mais reservada, pouco segura de que ela esteja preparada para uma performance tão pesada). Foi durante a filmagem difícil dessa obra, quando Marilyn estava de fato no umbral de celebridade absoluta, que explodiu o famoso escândalo do calendário.

Ela tinha praticamente se esquecido. Cinco anos já haviam se passado. Desde então, muita água tinha rolado debaixo da ponte. Mas o passado a alcançaria sempre, não havia nada a fazer, nunca. Permanentemente haveria gente xeretando sua vida. A prescrição não existia para ela.

Uma bomba. A informação é perigosíssima, oculta de imediato todo o resto e adquire uma amplitude de consternação nacional: aquela que os jornalistas da *Life* acabam de denominar a "coqueluche de Hollywood", a pequena órfã de Van Nuys, posou para um calendário em trajes sumários!

Marilyn está arrasada. Que azar, que desastre! Justo no momento em que lhe dão um papel "sério". É uma verdadeira desgraça, um pavoroso descrédito. Aterrado, o estúdio tenta em vão abafar o caso, depois pede que a atriz desminta. Ela se nega. Foi ela. A loura/ruiva de pele bronzeada, de mamilos vermelhos, enrolada no veludo, é de fato ela. Por pouco não reivindicou em alto e bom som. Apesar da pressão amistosa da Fox, Marilyn escolheu, por sua conta e risco, dizer a verdade, trêmula diante dos jornalistas: estava sem um tostão, não sabia como pagar o aluguel e recuperar o automóvel no depósito. Ofereceram-lhe quinhentos dólares, ela não tinha escolha. Em 13 de março de 1952, a imprensa publica as confissões comovedoras da "órfã", e a 20th Century Fox estima que, a partir de então, sua carreira ficará abalada, mas é o contrário que acontece. O público fica perturbado. Porém, a emoção é mais forte do que a condenação moral. A pobre criança penou, a vida não foi generosa com ela. De resto, as fotografias, muito bonitas, muito delicadas, não são obscenas (e vão passar a ser disputadas a peso de ouro). A sinceridade venceu. Em vez de mergulhar na hipocrisia puritana, Marilyn Monroe ganhou o coração das pessoas. E o alto do cartaz.

Quando sai *Só a mulher peca*, seu nome é exibido diante do de Barbara Stanwick, com letras iguais. O papel interpretado por ela é pesado, uma faca de dois gumes e, como Natasha Lytess pressentira, Marilyn não está muito à vontade nele. Contudo, o filme é um sucesso de bilheteria. Porque é ela. O público se apaixonou pela loura ondulante de voz trêmula. Os chefões dos estúdios já entenderam e estão esfregando as mãos, vão passar a se servir dela como isca publicitária. Deem qualquer coisa a miss Monroe, mesmo uma ou duas réplicas, uma vez que o nome dela e seu andar de pêndulo asseguram a promoção de qualquer filme vagabundo. De agora em diante, Marilyn Monroe não pode mais sair na rua, ir a um restaurante, a qualquer lugar, sem ser reconhecida e perseguida.

O urso e a boneca (*Segundo intermédio*)

Joseph Paul DiMaggio é alto, quadrado, tem o cabelo preto gomalinado, a tez pálida. Um armário. Uma verdadeira montanha. Olhos escuros miúdos e secos, sorriso feroz, dentes da frente separados, um rosto duro de macho inflexível. Joe DiMaggio não transpira necessariamente inteligência, tampouco delicadeza. Encarna mais a força e a intransigência. Desde que se aposentou dos Yankees no ano anterior, após dezenove anos de bons e leais serviços, trocou o uniforme de jogador de beisebol por ternos mais elegantes e chamativos, sapatos brilhantes e gravatas de seda. Com seu físico de atleta, ele agora desfila de smoking nos restaurantes de sua propriedade, onde se come macarrão e se fala de esporte a noite inteira, tanto quanto, antes, nos estádios. Joe DiMaggio nasceu em 24 de novembro de 1914 em Martinez, perto da baía de São Francisco, onde cresceu. Filho de imigrantes italianos, começou a jogar beisebol aos dezoito anos na equipe local. Seu talento excepcional foi rapidamente notado, e ele foi contratado pelo célebre time dos Yankees de Nova York, onde se tornou uma figura de proa mítica e inigualada até 1951, pulverizando placares, ganhando todos os títulos. Já superstar, alistou-se voluntariamente em 1943 e escolheu trocar seu salário mirabolante por um pequeno soldo de cinquenta dólares por mês. Sem se esquecer de suas raízes nem da época em que era apenas um pobre moleque estrangeiro pelas ruas de São Francisco, DiMaggio criou uma fundação para ajudar crianças desfavorecidas e oferecer-lhes acesso gratuito a tratamento médico. Com 38 anos, Joe DiMaggio é um herói nacional. Símbolo, ele também, do sucesso e do famoso sonho americano, é adulado por milhões de pessoas. Divorciado, um filho, o grande atleta está mais à vontade no centro de compridas mesas masculinas do que junto de moças bonitas com as quais não tem paciência por muito tempo.

Pouco eloquente, rude, o homem possui de todo modo uma opinião bastante clara sobre o lugar que deve ser concedido às mulheres: a cama, a cozinha, a casa. Desde que se separou da mulher, é visto com mais frequência ao lado de seus amigos italianos, entre os quais Frank Sinatra, do que em companhia galante. Gosta de beber, comer e ver televisão (sobretudo as partidas de beisebol).

Há algum tempo, numa revista de beisebol, a atenção de Joe DiMaggio foi atraída por um instante por uma fotografia bem pouco esportiva. Ela representava um jogador muito conhecido segurando nos braços uma adorável jovem em cima de saltos altos pretos, vestida com um minúsculo short branco, um sueterzinho bege muito grudado e um boné escuro, a quem o atleta supostamente estava ensinando como segurar um bastão. "O lançador Joe Dobson, do Chicago White Sox, supervisiona a forma da starlet Marilyn Monroe, enquanto o jogador Gus Zernial agarra a bola. Marilyn, apaixonada por beisebol, aprendeu alguns truques de profissional ao fazer uma visita ao time de Chicago durante o treino", era a legenda da foto. Diante de tantas inépcias, Joe DiMaggio encolheu os ombros mas pensou que, por uma vez, não teria lhe desagradado estar no lugar de Joe Dobson. E antes de não pensar mais naquilo, ainda tratou de fazer a seguinte pergunta a um amigo:

– Quem é essa loura?

Na primavera de 1952, Joe DiMaggio não pode mais verdadeiramente ignorar quem é Marilyn Monroe. Ela, em compensação, mesmo que já tenha ouvido falar de DiMaggio e saiba que ele é muito célebre, não sabe muito bem em que setor ele trabalha. Pois evidentemente ela não conhece nada de beisebol e não está nem aí para o esporte. Mas outros tinham decidido que aqueles dois tinham alguma coisa, se não para se dizer, pelo menos para fazer juntos. É, pois, um amigo comum da "coqueluche de Hollywood" e do mais célebre aposentado dos Estados Unidos que organiza o encontro deles num restaurante de Sunset Boulevard.

Marilyn (ela falou muito disso mais tarde) não se entusiasma muito com a ideia de jantar na companhia de um atleta forte e grosseirão (segundo lhe disseram), que ela imagina ser um falastrão, pretensioso, vestido como quem vai a uma competição. Ela não vê muito bem que interesse pode haver. Um amante a mais? Não está precisando: quando está com medo de dormir sozinha, dominada outra vez por seus terrores noturnos, seu velho cúmplice Robert Slatzer está sempre por perto. Ela compartilha também suas noites com um jovem ator grego que conheceu na Fox. Quanto ao futuro, ela reservou em um canto da cabeça um lugar para um certo Arthur Miller. Então, ela pode muito bem dispensar a noite com o italiano e, no último minuto, tenta desmarcar o compromisso sob o pretexto de estar muito cansada. Mas o outro insiste. DiMaggio vai voltar dentro em breve para a Costa Leste (também ele), só está de passagem por Los Angeles. Marilyn cede e chega ao Villa Nova Restaurant atrasada, arrastando os pés. Uma beleza deslumbrante, parece cercada de luz. Uma primeira surpresa a aguarda na mesa: Joe DiMaggio não se parece nem um pouco com a ideia que ela tinha formado a seu respeito. Está usando um terno simples, mal come, não para de olhar para ela e parece de uma timidez doentia, que ela conhece bem mas não sabe se deve atribuir à sua natureza profunda ou à perturbação que provocou nele. Ele quase não abre a boca a noite toda e se mostra de uma gentileza desconcertante com Marilyn. Segundo espanto: ela se sente irremediavelmente atraída por ele. É mesmo a primeira vez que ela deseja fisicamente, com tanta intensidade, o corpo de um homem.

Naquela noite, Joe DiMaggio não volta para o seu hotel. Adia inclusive sua partida para Nova York. Marilyn Monroe começou a chamá-lo de Dad e o acolheu no seu pequeno apartamento no cruzamento de Dheny Drive e Cynthia Street, onde ela deixou largadas no chão, por algum tempo, suas perpétuas caixas de mudança.

Sete anos de decepção (*Suíte 2*)

Malhar o ferro enquanto ele está quente: a Fox manda dar para Marilyn o papel de uma prostituta num outro filme de série B, *O. Henry's Full House* (*Páginas da vida*), simples chamariz para atrair a freguesia, uma vez que, na realidade, ela aparece na tela não mais do que uns poucos minutos, enfiada num vestido apertadíssimo, com seios enormes. Aproveitando o embalo, ela encadeia com *Monkey Business* (*O inventor da mocidade*), em que encarna ainda e sempre uma secretária bem fornida, inocente como um cordeirinho, mistura de frescor e luxúria, a rebolar dentro de um vestido justo com seu peito volumoso até que, por uma manobra bem casual e sem grande justificativa, o roteiro termine exibindo-a de maiô à beira de uma piscina. Dessa vez, entretanto, o filme não é insignificante. Mas o trabalho que cabe a Marilyn é, como de hábito, pouco gratificante. Nele figuram duas grandes estrelas do momento, Cary Grant e Ginger Rogers, e o filme é dirigido por Howard Hawks. Esse grande mestre da comédia foi provavelmente um dos primeiros a perceber na voluptuosa atriz, até então quase sempre reduzida ao status de bonita e burra, o potencial burlesco. Marilyn não é apenas sexy, ela pode ser engraçada. Ela possui inclusive um humor incrível, um sentido de zombaria comunicativa que explode na tela. Não explorar essa veia é um desperdício. Em *O inventor da mocidade*, sua comicidade inata é bem mais sutil do que a de Cary Grant ou de Ginger Rogers, que se limita a mímicas forçadas e a palhaçadas de todos os gêneros. Ocorre que Marilyn não compreende dessa maneira e está louca para encarnar uma grande heroína trágica. O drama ou a tragédia, ela acredita, são os únicos domínios em que um ator pode revelar seu talento e sobretudo obter o reconhecimento de seus pares. Talvez seja também o que lhe martela, erradamente, Natasha Lytess. Por isso fica duplamente encantada quando descobre que foi escolhida para o papel principal do próximo filme de Henry

Hathaway, *Niagara* (*Torrente de paixão*), no qual deverá interpretar a amoral, infiel, fatal e assassina esposa de Joseph Cotten. Filmagem prevista para Buffalo durante o verão.

Enquanto aguarda e continua se requebrando na pele de Lois, voluptuosa secretária do chefe de Cary Grant, Marilyn se vê novamente obrigada a encarar as sombras e mentiras de seu passado. Um dos numerosos cadáveres que mofam dentro de seus armários. Uma informação chegou à imprensa: a pequena "órfã" do cinema é, na realidade, filha de uma antiga montadora da RKO, nem um pouco morta e inclusive domiciliada em Hollywood. Nova bomba. Nova angústia da Fox ao ver subitamente aniquilada a carreira de sua galinha dos ovos de ouro. E nova pirueta de Marilyn diante dos jornalistas aos quais confessa a verdade, pelo menos a *sua* verdade, com sua vozinha sussurrante, gaguejante: sua mãe na verdade bem viva, porém internada, seus ascendentes cada um mais louco do que o outro, seu devotamento a Gladys, que ela sempre ajudou o melhor que pôde.

Mais uma vez a oscilação pende a seu favor, o público se apieda, a compaixão é geral. Tanto mais que, e é um golpe de sorte para ela, alguns dias depois de ter revelado a mãe à luz do dia, Marilyn foi acometida de uma violenta crise de apendicite (acaso?), abundantemente midiatizada, que a obrigou a interromper a filmagem de *O inventor da mocidade*. Operada de urgência, recebeu milhares de cartas desejando seu pronto restabelecimento.* Na saída do hospital, ela sabe que dezenas de fotógrafos a aguardam sem arredar pé. O menor de seus gestos e fatos é agora consignado na imprensa. Uma marca de cansaço ou um sinal de fraqueza são imediatamente notados. Marilyn se vê permanentemente obrigada a se apresentar perfeita. Tem consciência disso e vigia constantemente cada um dos efeitos que deve produzir. No hospital, convoca seu maquiador titular, Allan Whitey Snyder, que ela conheceu na

* A história foi muitas vezes repetida: o cirurgião que devia operá-la teria encontrado sobre a barriga dela um bilhetinho, colado com durex, com as seguintes palavras: "Doutor, por favor, corte o menos possível, só uma cicatrizinha".

Fox em 1946, para que ele lhe devolva sua cabeça de irresistível vamp loura, a que a protege e a que o público exige.

– Whitey, me prometa uma coisa – diz ela depois da longa sessão de metamorfose que a transformou novamente na criatura Monroe.

– Tudo que você quiser, minha querida.

– Prometa que quando eu morrer você virá me maquiar uma última vez.

– Mas, por que falar...

– Prometa – suplica a vozinha.

Whitey Snyder promete, e Marilyn lhe dá de presente algum tempo depois um prendedor de notas da Tiffany's com a seguinte dedicatória: "Enquanto eu ainda estou quente".[1]

Obsessão mórbida de uma jovem na flor da idade e na aurora de um inacreditável sucesso? Provavelmente não é o que deixa seu maquiador surpreso, que melhor do que ninguém conhece o avesso do cenário, a tristeza e a desordem mental dissimulados por trás dos cosméticos, a falta de confiança, o autodesprezo e a gravidade escondidos sob os cílios postiços e o batom. Em compensação, talvez tenha ficado mais surpreso com o pedido – mas, no fundo, não se trataria de mais uma encenação macabra? –, com a última fraude (pois ela não está fazendo charme), a última mentira: exibir-se na morte em trajes de cena. Como se fosse *a outra*, a dublê, que devesse ser enterrada e desaparecer para sempre. Whitey Snyder se pergunta por um breve instante se a promessa lúgubre que Marilyn acaba de lhe arrancar não seria simplesmente a expressão de um desejo iminente.

Alguns minutos mais tarde, miss Monroe, esplendorosa, faz pose para os fotógrafos aglomerados diante da porta do hospital, joga beijos, pisca os olhos, dá sorrisos tão grandes como seu desespero dissimulado, faz brincadeiras, dá a cada um deles a impressão de que pode possuí-la quando quiser. Depois se fecha dentro de casa para vários dias de convalescença, sob a vigilância rigorosa de repórteres postados em cada esquina de rua, encarregados de anotar as idas e vindas dos diferentes visitantes que se sucedem na sua cabeceira. Dentre eles, excelente surpresa e maravilhosa dádiva, encontra-se Joe DiMaggio. O lendário capitão dos Yankees enamorado pela queridinha de Hollywood. É quase bom demais para ser verdade. Cheira a golpe publicitário. Paralelamente, diante desse rumor, os dirigentes da Fox aumentam sem avisar o salário de Marilyn, que passa para 750 dólares por semana, o que, contudo, ainda é claramente inferior ao das outras vedetes da casa: ou o estúdio ainda não considera Monroe uma estrela ou a explora tanto quanto pode – ou as duas coisas. Diante do desmentido formal apresentado pelos dois interessados, o rumor vai se amplificar, provocando aglomerações diante da casa de Marilyn e a cólera de DiMaggio, que não aprecia se ver outra vez sob os flashes, desta vez no papel de pretendente com marcas de batom no colarinho da camisa e buquê de flores entre os dedos. Tanto mais que ele não é o único. Marilyn recebe com a mesma assiduidade seu amante de sempre, Bob Slatzer.

Objeto de todas as atenções, Marilyn retoma o caminho dos estúdios para terminar *O inventor da mocidade*. Ela deve em seguida se preparar com Natasha para o papel de Rose Loomis em *Torrente de paixão*. Natasha Lytess não gosta de Joe DiMaggio. Crê (com razão) que ele é violento, machão, limitado, ciumento. Um brutamontes que nunca abriu um livro na vida e só se interessa por esporte. Não consegue ver o que a doce Marilyn pode ganhar saindo com ele, de que maneira a companhia dele pode fazê-la desabrochar. Mas Marilyn acha que sabe. É intensamente físico. Com Joe, ela descobriu definitivamente a sexualidade. Pela primeira vez, é ela que deve se dobrar diante de alguém, alguém que não é completamente subjugado e aniquilado pelo milagre de segurar nos braços uma fantasia, *a* fantasia. Alguém de origens modestas, exatamente como ela, que sofreu para conseguir um lugar na sociedade. Exatamente como ela. Quando Joe DiMaggio vai para a cama com ela, ele a trata como uma mulher e não como uma criatura de sonho. Com um pouco de desprezo e brutalidade. Natasha não pode compreender.

– Mas eu a amo de verdade, Marilyn – ela lhe diz – eu a amo.

– Não estou lhe pedindo para me amar. Basta me corrigir – replica Marilyn.*

"Pago você para isso", ela poderia ter acrescentado.

A celebridade lhe sobe cada vez mais à cabeça. Em 1º de junho de 1952, dia de seu vigésimo-sexto aniversário, Marilyn fica sabendo que foi designada para atuar ao lado de Jane Russel na próxima comédia musical de Howard Hawks, *Gentlemen Prefer Blondes* (*Os homens preferem as louras*). Sua carreira está, desta vez, definitivamente lançada. Ela é a superstar das bilheterias.

Restam-lhe dez anos a viver.

---

* Durante a filmagem de *River of no Return* (*O rio das almas perdidas*), no final de 1953.

Em um marido pode se esconder outro (*Terceiro intermédio*)

Enquanto Marilyn está em pleno romance midiático-passional com Joe DiMaggio, um homem diz ter sido casado com ela, ao menos por 48 horas, entre 4 e 6 de outubro de 1952 precisamente. Como se sabe, Bob Slatzer conhecera Marilyn seis anos antes, quando ela corria às agências à procura de castings, com o book na mão, gaguejante, os cabelos recentemente descoloridos e ainda se chamando, como iria se chamar por algum tempo, Norma Jeane. Foi em 1946. O ano em que ambos tinham vinte anos. Ele estava começando, esperava obter uma entrevista com Gene Tierney. Lá pelas tantas, esbarrou numa lourinha tímida. Ou melhor, foi ela que esbarrou nele depois de tropeçar, e todas as fotografias que ela apertava contra o peito se espalharam, obrigando o rapaz a recolhê-las. Centenas de Norma Jeane em todos os trajes e posições soltas pelo chão. De biquíni, vestida de noiva, sobre esquis. Maneira engraçada de começar um assunto. A *playmate* mergulhou os grandes olhos azuis suplicantes no bom rapaz que catava suas fotos, uma depois da outra, como se fossem flores esparsas. E lhe dirigiu o mais reconhecido dos sorrisos. Ele nunca mais pensou em Gene Tierney.

Bob Slatzer acabava de descobrir que preferia as louras.

Um homem sortudo. Moreno, cheio de corpo, de altura média, topete gomalinado para trás. Os traços pesados um pouco corados, nariz ligeiramente achatado, pequenos olhos escuros esmagados por espessas bolsas. Não é o que se pode chamar de um rapaz bonito. Então, quando a encantadora starlet, mais bela do que seus sonhos, abre-lhe gentilmente os braços, o amigo Bob não pensa duas vezes e saboreia tanto quanto pode a carne branca e roliça daquele tesouro inesperado. A moça lhe desvela suas ambições, seus projetos, seus desejos. Ele gosta daquele desespero de exilada, da determinação intransigente que não admite nenhum obstáculo. Compartilha sua miséria, o mesmo apartamento durante alguns meses e seus sonhos, a vê docemente se transmudando durante alguns meses em ícone sexual imediatamente identificável, encontrando pouco a pouco a correta lourice, o andar adequado, a voz de criança de pouco fôlego. Bob Slatzer escuta a terrível história de Norma Jeane, contada com floreios, antes de vê-la deslizar para dentro da desmedida fantasia de Marilyn Monroe. Ele a vê empalidecer, corar, crescer. Em breve, irreconhecível. Ela pertence ao mundo inteiro, ele sabe disso. Mas ele, ele é seu amigo, para sempre. Ele ainda consegue atravessar a transfiguração. Ela lhe conta tudo sobre seus amantes, seus filmes, suas decepções, suas ilusões. Bebem juntos. Quando as coisas não vão bem, no meio da noite, a qualquer hora, é para Bob que ela telefona pedindo socorro. Dormem juntos, evidentemente. Porque um homem normalmente constituído que se encontra no quarto, na cama, bebendo champanhe com Marilyn Monroe (nua, ainda por cima), ainda que praticamente sem maquiagem, ainda que bêbada, ainda que sejam nove horas da manhã, faz sexo com ela. Para esmagar o desespero dela com todo seu peso. Para responder ao seu pedido de socorro.

Bob Slatzer espera, sempre disponível, sempre pronto para se tornar útil. Do caso com DiMaggio, ele foi o primeiro a ser informado. Assim que fica sozinha, a atriz se pendura no telefone e conta tudo para todo mundo. Mas ele, ele tem direito a confidências especiais, de um lado porque Marilyn não lhe esconde nada, de outro porque elas são feitas sobre o travesseiro. Por exemplo, sabe que Marilyn encontrou em DiMaggio o mestre físico, que ele não fica em adoração diante dela, chegando a lhe demonstrar desprezo e deixando-a suficientemente insegura para deixar-se dominar por ele. Sabe também que ele faz cenas de ciúme terríveis, não suportando que um homem olhe para ela, o que seguramente significa risco iminente de problemas. É por isso que, no fundo, Bob Slatzer não pensa por um segundo que a história DiMaggio-Monroe deva se eternizar. Antagonismos demais, narcisismos demais. Ele só tem medo de que sua amiga leve socos, tanto no sentido literal quanto no figurado. Mesmo que ele esteja ali, em todos os casos, para recolhê-la na sarjeta se houver necessidade.

Em julho de 1952, ele vai se encontrar com ela na filmagem de *Torrente de paixão,* onde ela lhe reservou um quarto no hotel. No mês de agosto, responde gentilmente às perguntas indiscretas de uma jornalista mundana sobre "os pretendentes em disputa pelo coração de Marilyn". Em setembro, a revista *Confidential* anuncia nas manchetes uma ligação de Bob Slatzer com Marilyn Monroe. E em outubro, durante um passeio à fronteira mexicana e depois de uma noite passada bebendo, a loura star teria proposto ao repórter bochechudo se casar com ele. Tijuana fica a dois passos. As formalidades serão rapidamente preenchidas, ela estará finalmente tranquila. Calma, segura. Livre para não se casar com Joe DiMaggio, que a mandaria para a cozinha como uma empregadinha, a humilharia de todas as formas. Casada com um homem amigo, cúmplice e confidente, que a adoraria em silêncio, se regozijaria com suas alegrias, compartilharia com ela sua cultura clássica, batalharia contra seus fantasmas, seus terrores. Doce visão de uma felicidade segura sem exigência (portanto sem atrito), que tenta a pequena Norma Jeane escondida dentro de Marilyn.

No sábado, 4 de outubro de 1952, Marilyn Monroe e Robert Slatzer assinam sua certidão de casamento na pequena cidade mexicana e celebram devidamente a união durante dois dias de bebedeira.* Na segunda-feira, a ressaca é monstruosa. E o símbolo sexual de agora em diante mais célebre da América se vê tomado pela dúvida, pelo remorso, pela realidade. Seu plano de carreira. Marilyn Monroe casada com um jornalistazinho barrigudo? Não faz sentido. O público ficaria decepcionado. Ela também. Não foi com essa vida que ela sonhou. Não corresponde à imagem que construiu para si mesma. Para vingar a órfã e os dedos permissivos de

---

* Existe aparentemente uma testemunha desse casamento-relâmpago, e diversas pessoas dizem ter escutado as confidências de Marilyn sobre o caso.

mr. Kimmel, ela precisa de uma pessoa fora do comum, um príncipe, um ídolo, uma celebridade, um homem poderoso, um presidente!

No dia 6 de outubro, Marilyn e o bom Bob correm de novo a Tijuana e interceptam os papéis que não foram ainda enviados. Às dez horas da manhã, o casamento não existe mais.

Marilyn Monroe retoma o caminho de Joe DiMaggio.

Sete anos de decepção (*Fim*)

Mais esbelta, polpuda sem ser gorda, menos carnuda e sempre mais carnal, Marilyn explode de beleza em *Torrente de paixão*, hino sombrio ao seu esplendor escandaloso e fatal. A pequena datilógrafa toda nádegas e seios, imbecil e dócil, foi finalmente relegada a segundo plano. Eis a loura tenebrosa, provocante e maquiavélica, consciente de seu poder de sedução, instrumento e vítima do destino, na mais completa tradição hitchcockiana. Cor-de-rosa dentro de seu vestido cor-de-rosa fendido, decotada, pele dourada e sobrancelhas arqueadas, lábios úmidos, rósea Rose cantarolando a ária de *Kiss, Kiss me* antes de fazer o amante assassinar o marido sob as cataratas de Niágara. Um marido enlouquecido por causa da dependência do corpo de sua divindade loura, e que pretendia suprimi-la também. Afinal de contas, as deusas não fazem as melhores esposas. Mas no final é o amante que leva a primeira facada, e a mulher adúltera cairá, estrangulada, sob as mãos do legítimo retornado do além-túmulo. Marilyn está linda de morrer, justamente. Ela esmaga de longe todos os que contracenam com ela, só há olhos para ela, rosa pálida envolvida por mistério e tragédia. Apesar dela, o filme é decepcionante sob vários aspectos, o roteiro é fraco, o ritmo, lento demais, o papel da atriz, limitado e monocórdio. Como se a diretiva "seja sexy e burra" tivesse simplesmente mudado para "seja sexy e fatal". Talvez seja uma evolução, mas Marilyn não se satisfaz. Ela continua frustrada. A tragédia não lhe convém. Marilyn Monroe já não é em si uma farsa, um truque, um embuste? O público não tem necessariamente vontade de vê-la morrer na tela, o que é notado com atenção pelos chefões da Fox. Por tê-la, o filme faz, contudo, um grande sucesso e coloca a atriz à frente de todas as estrelas de Hollywood.

O fenômeno Monroe está em toda parte. A imprensa briga por reportagens e entrevistas. As coberturas se sucedem. As pessoas se perguntam sobre o modo de caminhar dito "de puta" do símbolo sexual: devido talvez a uma má-formação, uma desarticulação, às sequelas de uma fratura, e não a horas de treino diante do espelho desde a idade de onze ou doze anos? Fotos falsificadas dela, nua, circulam, obrigando-a a ir se defender no tribunal. Um maestro compõe uma homenagem musical ao seu nome. Na eleição de Miss América, pedem-lhe para posar ao lado das candidatas. Nesse dia, o vestido branco de poá que ela está usando é tão justo, tão provocante que um oficial do exército pede aos jornalistas que censurem as fotografias. Marilyn afia as armas, fustiga a pudicícia hipócrita contra-atacando com este coquetel de falsa ingenuidade e humor que ela sabe tão bem dosar:

– O decote mais do que profundo do seu vestido foi criticado...

– Ah, é por isso que olhavam para mim. E eu que achei que estavam admirando minha insígnia de sargento...

– Usou alguma coisa para a foto do calendário?

– O rádio ligado.

E o Chanel nº 5 à noite. E o "nunca uso nada em cima porque tenho horror do que amarrota"... E assim por diante. A lenda que constrói sobre si mesma está em marcha. Acelerada, pode-se dizer.

O novo filme de Howard Hawks vai consolidá-la ainda um pouco mais. Em *Os homens preferem as louras*, Marilyn Monroe encarna uma mulher de beleza perturbadora, de "magnetismo animal", envolta em vestidos costurados no próprio corpo, de formas muito sugestivas, de resto uma completa idiota, venal e desprovida de escrúpulos. A comédia, pontuada por vários números musicais, é baseada no contraste entre a morena Jane Russel, inteligente, leal, sem ambição nenhuma, e sua amiga loura, a quem só interessam o dinheiro e os diamantes (loura amiga que, aliás, dá ao noivo milionário, uma vez que não é costume, o gentil apelido de Daddy). Marilyn canta, dança, exibe toda sua sexualidade na tela enquanto nos camarins, perdida, atrasada, atrapalhada, precisa cada vez mais ser assistida. Cada vez são necessárias mais tomadas para gravar uma cena. No final do ano de 1952, a Fox resolve aumentar mais um pouco seu salário. Monroe, valor seguro e incontestável do estúdio, passou a receber mais de cinco mil cartas por semana.

Mas, na noite de Natal, todos os seus amantes vão embora. Seus admiradores fazem uma pausa para o peru em família. A menininha abandonada está sozinha com sua armadura loura e um desespero crescente. Joe DiMaggio, que ela persiste em apresentar como um "amigo" à imprensa, diz que vai passar as festas em São Francisco, com os seus. Joe não é um imbecil, sendo mesmo capaz de demonstrar uma delicadeza oportuna. Na realidade, aguarda Marilyn na casa dela com uma árvore de Natal, a primeira da sua vida. Para ela, o final do ano é todas as vezes um suplício. Diante de tal atenção, a garotinha cai em prantos e se refugia entre as grandes patas do urso. Um pouco de verdade sob o strass e as lantejoulas.

Apenas uma curta interrupção. Para recomeçar tudo logo em seguida. Monroe toda sorrisos ao lado de Jane Russel enfia as mãos e os saltos no cimento da calçada diante do Grauman's Theater de Hollywood sob os flashes de centenas de fotógrafos em fúria. A loura terrível propõe ingenuamente deixar ali também a marca de seus seios. "Afinal, por que eles também não teriam o direito à sua pequena parte de imortalidade?", sussurra ela. Tanto mais que eles são regularmente motivo de escândalo: em março de 1953, o vestido com que Marilyn aparece na entrega de um dos numerosos prêmios insignificantes que lhe outorgaram suscita uma torrente de protestos e comentários acerbos a seu respeito. A atriz mítica Joan Crawford, seu ídolo, condena publicamente a indecência e a vulgaridade da jovem coirmã por ela rebaixada à categoria de stripteaser. As opiniões se dividem. De um lado, Jerry Lewis, Dean Martin e consortes a aplaudem com vontade. Numerosos jornalistas tomam o partido da órfã fustigada. Do outro, Joe DiMaggio, que brilha por sua ausência em cada aparição pública de Marilyn, segue de perto as grandes damas indignadas e prega a dignidade e a virtude como valores essenciais. DiMaggio não se esconde, não procura proteger a intimidade que o liga à mais célebre loura dos Estados

Unidos, segredo de Polichinelo. Se ele se recusa obstinadamente a acompanhar Marilyn às estreias, às premiações ou a qualquer outro evento a que ela comparece, é antes de tudo para marcar perfeitamente sua desaprovação violenta do que ele considera puro fingimento. Com uma frustração evidente, o antigo atleta exibe o mais profundo desprezo pelo show business, pelo cinema, por Hollywood. Ou seja, na realidade ele não tem nenhuma estima por Marilyn Monroe. A que ele pretende amar é Norma Jeane (de cabelo louro, contudo, e com os peitos e o quadril da Marilyn Monroe), sem compreender que, se Norma não está completamente morta, ainda assim está sem condições de fazer mal a alguém. Joe só quer saber de exclusividade e não tem a intenção de exercer um direito, de bancar o mr. Monroe. Então ele vocifera, se enfurece, troveja, dá ao seu ciúme angustiado o rosto do desdém e do insulto. Marilyn, em lágrimas, liga para Natasha Lytess. Os golpes a ferem, afundam-na um pouco mais na autodepreciação. Ela não é insensível às críticas. Um nada lhe fere. Mas talvez ela peça os tapas. Talvez ela os procure. Ela tem tanta necessidade de se punir. *Os homens preferem as louras* obtém um sucesso fenomenal.

Quando a Fox atribui a Monroe o papel de Pola em *How to Marry a Millionaire* (*Como agarrar um milionário*), a nova comédia de Jeane Negulesco, a moça já machucada se encrespa um pouco, embora ela não tenha nenhum direito de opinar sobre a escolha de seus filmes. Mais uma comédia na qual ela não é a estrela feminina exclusiva e na qual deve dividir o cartaz não com uma, mas dessa vez com duas outras vedetes, e não das menores: Betty Grable, loura ícone número um de bilheteria durante anos, que Marilyn elimina pouco a pouco; e a sublime Lauren Bacall, que tem, no roteiro, o papel central do filme, mesmo que Monroe é que seja mostrada de biquíni no *trailer* e nos créditos. De resto, o argumento, mais do que superficial (três amigas moram juntas em um grande apartamento nova-iorquino e conspiram para se casar cada uma com um milionário), dá a impressão de repetição, encerrando-a como sempre na imagem cada vez mais opressiva de loura sexy, ingênua e ávida por dinheiro, enquanto Grable se descobre no fundo romântica e Bacall, cérebro do plano, mulher de cabeça, termina se apaixonando de verdade. Para coroar o conjunto, decidiu-se que a loura Pola seria míope como uma toupeira, pretexto para várias cenas cômicas. Propõem a Marilyn a seguinte coisa: terá de usar durante uma parte essencial do filme lentes grossas que ela retirará regularmente por vaidade, persuadida de que os homens não olham para as mulheres de óculos, o que a fará inevitavelmente bater com o nariz nas paredes. Marilyn Monroe é loura e boboca mais uma vez (Grable e ela são qualificadas de "analfabetas" por Bacall), com uma pequena sequência em que ela aparece de maiô vermelho berrante, assim como uma alusão aos diamantes, melhores amigos da mulher, canção principal de seu filme precedente.

Um simples bis, por conseguinte? Não exatamente. No final, Marilyn se sai bem. Do trio, ela é, no fundo, de quem o público mais gosta (Grable se revela a verdadeira idiota, e Bacall é fria demais), a mais simpática e a mais surpreendente, que termina se enrabichando por um homem tão cegueta quanto ela. Na tela, ela irradia. Do outro lado, as coisas são um pouco diferentes. A filmagem é cansativa para ela e ainda mais para os outros. Marilyn impõe a presença permanente de Natasha Lytess no set de filmagem e obriga a equipe a recomeçar dez ou vinte vezes a mesma tomada em função da opinião de sua professora. Ela só acata as instruções de Natasha, não as do diretor, que vai para um canto dissimular sua irritação. Completamente desprovida de segurança, ela se apresenta com atrasos cada vez maiores, não faz o menor esforço em relação aos que trabalham com ela. Se Lauren Bacall tem dificuldade de aguentá-la, Betty Grable em compensação demonstra ter por ela grande ternura:

– Continue, minha querida, minha vez já passou, a loura que conta de agora em diante é você.

Tudo é tão frágil, tão embaraçado, tão quebradiço que, à palavra "corta", ninguém tem condição de afirmar como ficou.

Mas no final de cada dia, na projeção dos *rushes*, o pequeno milagre se repete e é preciso se render à evidência: Marilyn é excepcional, única, extraordinária. E pela primeira vez ela pode finalmente deixar explodir todo seu talento cômico. O público não se engana. Nesse primeiro filme em cinemascope tecnicólor, Marilyn está tão engraçada, tão desconcertante por estar tão pouco segura de sua sedução que, apesar da futilidade do roteiro, ela desencadeia torrentes de simpatia nos espectadores. Marilyn menos fatal porém mais humana leva a melhor em todos os fronts. A 20th Century Fox deveria se dar conta e refletir mais sobre os roteiros que lhe submete. Mas não o faz e trata de explorar ao máximo sua galinha dos ovos de ouro, sempre desprezada por Zanuck e mal paga.

Naturalmente, e mesmo que seu suposto idílio tenha aparecido mais de trinta vezes nas manchetes das revistas durante o ano de 1953, Joe DiMaggio se recusa a acompanhar a noiva não oficial à estreia do filme. Isso não lhe interessa, que ela fique sabendo. Portanto, é no braço do roteirista e produtor Nuhally Johnson, modelada dentro de um vestido branco de lantejoulas e casaco de peles creme, que Marilyn, resplandecente, aclamada pela multidão em delírio gritando seu nome, posa diante dos fotógrafos, enquanto Lauren Bacall se apoia no ombro vigoroso de Humphrey Bogart.

No mês de outubro daquele ano de 1953, Grace Goddard, mãe substituta da atriz, que se tornou alcoólatra no último grau, morre de overdose de barbitúricos. Um tombo a mais. Um apagamento suplementar dos últimos traços de Norma Jeane. Atrás de Marilyn Monroe, que se tornou a maior atriz do mundo, nada mais resta dos vestígios da infância, do mundo de antes, e a armadilha se fecha lentamente sobre a dublê loura cuja máscara de agora em diante ela não pode mais tirar.

Longe dessas reflexões, o estúdio escolhe-a para uma nova produção. Cansada, ladeada pela indispensável Natasha, Marilyn encadeia o sepultamento de Grace no cemitério de Westwood com a filmagem difícil de *River of No Return* (*O* *rio das almas perdidas*), dirigido por Otto Preminger nas corredeiras do Canadá, contracenando com Robert Mitchum. Tudo dá errado. Marilyn detesta o papel inconsistente que lhe deram, as roupas ridículas, o penteado que fizeram nela (uma grande peruca amarelada). O roteiro do que qualifica como um "western lamentável" é tão fraco que ela maldiz todos os dias a Fox por tê-la enviado para aquela jangada infeliz onde se passa a maior parte do filme. Ela multiplica os atrasos, os caprichos, simula mais ou menos um entorse no tornozelo, forçando a interrupção da filmagem, e acentua mais ainda sua dependência de Natasha, a ponto de enlouquecer Preminger, que não demora a se comportar como um tirano em relação a ela e à silhueta magra e negra que não desgruda dela. Mitchum se contém graças ao álcool, também ele sofre com a atitude de sua parceira, tão pouco profissional à primeira vista, mas na realidade insubmissa e cansada. Marilyn se exaspera por ser a loura disponível que é empregada para aliciar os espectadores, com ligeiras variações. Em *O rio das almas perdidas*, ela encarna uma cantora de cabaré de grande coração, menina sexy e perdida, órfã, arrastada contra a vontade numa fuga irreversível para escapar de índios ameaçadores ao lado de Robert Mitchum e do pequeno George Winslow. Nada de muito lisonjeiro, fora duas belas canções tristes*, dentre as quais uma que consta dos créditos e que ela interpreta acompanhando-se no violão, confirmando uma vez mais seus múltiplos talentos e uma emoção pronta para transbordar a qualquer momento.

Embora medíocre, o filme arrasta multidões visivelmente hipnotizadas por Marilyn Monroe, não importa o que esteja vestindo nem o cenário no qual atue. Mas para ela já é demais. Quando a Fox lhe ordena filmar *The Girl in Pink Tights* com Frank Sinatra, sem que ela tenha o direito de ler o roteiro que dizem ser o mais absurdo possível, ela recusa e pede um aumento de salário à sua desmedida altura. Não é legal, replica

* *One Silver Dollar* e *River of no Return.*

Zanuck, em virtude do contrato de sete anos que os une, suas pretensões financeiras são "absurdas". Marilyn insiste.

No dia 4 de janeiro de 1954, ela é demitida pela segunda vez da 20th Century Fox.

Mrs. DiMaggio

Dez dias mais tarde, no Palácio de Justiça de São Francisco, Marilyn Monroe e Joe DiMaggio põem um ponto final nos rumores que os casaram por diversas vezes nos últimos meses e dizem sim efetivamente, e em princípio para sempre. Tornara-se inevitável. A América queria-os juntos. Impossível ignorar uma história de amor como essa, sujeita a todas as projeções, às fantasias frustradas de uma nação inteira. Quando Joe correu para a cabeceira de Marilyn "ferida" no Canadá durante a filmagem de *O rio das almas perdidas*, a imprensa rugiu. Quando, em seguida, a loura atriz o acolheu na casa dela, no apartamento de Doheny, diante do qual dezenas de jornalistas faziam plantão permanentemente, e aprendeu a cozinhar o macarrão como ele gostava, o país prendeu a respiração. Quando, assediada por perguntas, ela terminou confessando que nunca estivera tão apaixonada por um homem, a comoção atingiu seu máximo. Quando, finalmente, os noivos fizeram uma visita à família DiMaggio em São Francisco e partiram em seguida para pescar, deliciosamente enlaçados, de jeans e jaqueta de couro, foi uma apoteose. Era bonito demais. Verdadeiramente muito bonito.

No dia 14 de janeiro, portanto, Marilyn cede à pressão nacional e se torna na vida real mrs. DiMaggio. Através dele, foi com a América que ela se casou. A Fox compreende que cometeu um erro ao despedir como uma qualquer a "primeira dama" dos Estados Unidos. Marilyn casada, dentro do casaco de vison presenteado pelo marido, é mais respeitável, mais ainda sob as luzes da ribalta, não há a menor dúvida. Joe e ela são os queridinhos da mídia. Zanuck é obrigado a voltar atrás. A "Cabeça de palha" é recontratada, com as condições impostas por ela.

Para escapar dos jornalistas que os perseguem dia e noite, Marilyn e Joe passam a noite de núpcias em um motel de Paso Robles antes de desaparecerem em um retiro montanhoso secreto e isolado por duas semanas. Desse descanso longe do barulho e do furor, que o "jovem" casal vive em *tête-à-tête*, retivemos o que Marilyn revelou mais tarde: na primeira noite, no motel, o ex-Yankee teria perguntado se havia televisão no quarto e em seguida mudado de canais durante horas; nas quinze seguintes, sem televisão dessa vez e depois de esgotar rapidamente todos os temas comuns de conversa, eles teriam se entediado de tal maneira que terminaram indo comprar revistas em quadrinhos no vilarejo mais próximo para matar o tempo. Em suma, um fracasso total e uma terrível mentira. Mas o público ainda tem fome, ele não compreenderia, é preciso atender ao seu apetite e, diante da imprensa do mundo inteiro, exibir uma falaciosa harmonia. Salvar as aparências.

– Nós aprendemos a nos conhecer melhor – confia Marilyn toda sorrisos na ocasião de seu retorno entre os homens.

Na realidade, o casamento deles já está vencido. Marilyn sabe disso, no fundo talvez nunca tenha se deixado enganar por esse golpe publicitário. Num canto da cabeça, ela acaricia sempre, e mais do que nunca, o projeto claramente mais enriquecedor para ela de se casar um dia com Arthur Miller* e mandar a Califórnia passear. Talvez então deixem de tomá-la por uma boboca. Daqui até lá, quanto tempo terá de suportar? E suportar sem mergulhar no fundo do precipício louro? Provavelmente é a verdadeira questão. Só a violência física de DiMaggio consegue conter a queda e dar algum colorido ao vazio que os aspira. Os tapas que Joe lhe acerta tranquilizam Marilyn sobre sua verdadeira existência, dando-lhe uma consistência e alguma importância. Então, como uma criança que multiplica as travessuras para atrair a atenção do pai, arriscando-se a levar uma palmada, Marilyn, ao sair de seu "ninho de amor", torna a vestir todo seu equipamento de símbolo sexual e a exibir assim que pode os seios na sacada, provocando tumultos, para o grande furor de Joe. Insuportável, deve avaliar o Yankee. É melhor viajar e deixar assentar por algum tempo toda aquela excitação (desencadeada pela

* Como ela conta no dia seguinte de seu casamento com DiMaggio para seu amigo Sidney Skolsky, chocado.

união deles, é o que acredita). Por um acaso favorável, ele é convidado para participar de uma partida amistosa no Japão. Marilyn terá de acompanhá-lo. Por um lado, ela poderá medir a popularidade de que ele goza, mesmo no fim do mundo. Por outro, vão deixá-los em paz.

O cálculo de Joe revela-se catastrófico. No aeroporto de Tóquio, milhares de fãs invadiram a pista diante de duzentos policiais superados pelos acontecimentos e obrigados a fazer o casal DiMaggio sair pelo compartimento de bagagens. Nenhuma dúvida possível sobre o objeto daquela idolatria: é ela, não ele. Joe DiMaggio sofre para esconder sua raiva. Marilyn faz de tudo para tentar se manter na sombra e deixar sobressair seu marido grandão durante entrevistas e coletivas de imprensa, mas os jornalistas só se interessam por ela e o ignoram solenemente. Uma afronta terrível para o italiano, que toma consciência da assustadora celebridade de sua mulher e se dá conta de que a criatura que ela acende e apaga como uma lâmpada elétrica é inadministrável. Assim, quando o comando do exército do front do Extremo Oriente propõe a ela aproveitar sua presença na Ásia para fazer uma aparição na Coreia a fim de elevar o moral das tropas americanas, DiMaggio se recusa a ir com ela. Ele compreende. Ela tem mais é que ir sozinha se exibir diante dos milhares de GI em delírio e, uma vez que existe televisão, ele prefere ficar no hotel em Tóquio, ardendo de ciúme. Ele não faz nenhuma questão de assistir ao striptease. Mas o que ele vê no seu aparelho, durante quatro dias, retransmitido sem cessar, são as imagens da sua loura esposa num vestido mínimo no frio siberiano, em cima de um estrado, diante dos treze mil exaltadíssimos soldados da 45ª divisão saboreando os detalhes de sua anatomia sob todos os ângulos, sua esposa sendo transportada de caminhão de um aeródromo e levada de qualquer jeito até o palco para acalmar a impaciência ameaçadora da soldadesca reunida, sua esposa que se entrega sem ganhar nada, provocante, lançando frases lascivas e piscadas de olhos tentadoras, entoando com sua vozinha sussurrante três de suas canções* de letras inequívocas, elevando a excitação militar ao máximo, exacerbando a virilidade até nas trincheiras, sua esposa, Marilyn Monroe, pálida divindade caída de um céu baixo e pesado no meio de uma plateia amarelo-esverdeada que nunca mais esquecerá a aparição angelical e incrivelmente excitante que veio lembrá-la de que, para além das cidades bombardeadas, a carne existe, vibrante e voluptuosa.

Em Tóquio, na poltrona de um quarto de hotel, diante do aparelho de televisão, Joe DiMaggio cerra os punhos.

– Maravilhoso – diz a ingênua ao voltar –, foi maravilhoso, você se dá conta, treze mil pessoas gritando o seu nome?

– Nos estádios, para mim, eram cinquenta mil pessoas a ovacionar – replica Joe branco de raiva.

Alguns dias mais tarde, no avião de volta para Los Angeles, Marilyn não consegue esconder o polegar quebrado de sua mão direita.

– Eu me machuquei – finge ela quando os jornalistas lhe perguntam.

Diante das câmeras, o casal-fantasia da América faz o jogo. Marilyn, que pegou uma pneumonia depois da sua sessão de canto ao ar livre, apoia-se ternamente no ombro protetor de Joe. Mas, em particular, o italiano faz saber que não suportará por mais muito tempo ser o marido de uma mulher pública, metralhada pelos fotógrafos em todos os trajes da manhã até a noite. Ela terá de escolher rapidamente entre Hollywood e ele. Senão...

Um mês depois do casamento, o divórcio já está sendo cogitado por eles.

Fechando os olhos para sua ausência prolongada, a Fox acolhe a superstar com tapete vermelho e lhe propõe uma comédia musical intitulada *There's No Business Like Show Business* (*O mundo da fantasia*), de Walter Lang, ao lado de

* *Diamonds Are a Girl's Best Friends*, *Bye Bye Baby* e a muito sugestiva *Do it Again*.

Donald O'Connor, o inesquecível intérprete de *Singing in the Rain* (*Cantando na chuva*). A corda ou a adaga. Ficar trancada em casa com um Joe DiMaggio plantado o dia inteiro diante da televisão, que não tem nada para lhe dizer, não quer que ela tenha amigos, que ela telefone, que não se interessa por ela, por seu trabalho, que desconfia de todo mundo, ou trabalhar num filme, qualquer um, para fugir custe o que custar do inferno conjugal? Marilyn escolhe sem hesitar a adaga. Em *O mundo da fantasia*, ela encarna Vicky, moça pobre, doce e ingênua porém determinada a se tornar cantora. No caminho, ela cruza com uma família de saltimbancos cujo filho mais novo (O'Connor) se apaixona por ela. Um roteiro insípido para um filme de mau gosto. Marilyn, convenhamos, não poderia ter caído num filme pior do que esse, uma longa e aflitiva comédia pontuada por intermináveis números musicais, onde ela aparece só depois de meia hora, com uma maquiagem excessiva e um penteado assustador, vestida em roupas vulgares ao máximo. No seu primeiro número (*After*), ela usa um vestido de paetê semitransparente com uma fenda que chega à calcinha. No segundo (*Heat Wave*), é de biquíni preto e segurando um sombreiro grotesco que ela agita o busto e sacode as nádegas diante de uma plateia de latinos excitados. Estamos longe do Actors Studio.

É provável que, no final do dia, ao voltar para a casa que eles alugam agora em Beverly Hills, Marilyn não forneça ao marido DiMaggio, que de todo modo não está nem aí, um relatório muito detalhado de seus dias de filmagem. Mas sua raiva surda contra a Fox aumenta diariamente. O filme é ruim, ela sabia disso mesmo antes de ter visto a montagem. Mais uma vez, aproveitaram-se do seu nome como de uma isca trivial, deram-lhe um papel sem interesse coroado por três canções nada memoráveis (muito diferentes das bonitas melodias de guitarra folk de *O rio das almas perdidas*). Então é assim, Marilyn só precisa aparecer seminua no trailer, e as caixas registradoras do estúdio começam imediatamente a tilintar... É a única realidade. Poderá ela um dia se livrar dessa personagem fútil a quem deve sua popularidade e revelar sua verdadeira profundidade?, pergunta-se diante do espelho. Ela está esgotada, seus nervos começam a ceder, e o rosto sinistro que lhe oferece Joe DiMaggio à guisa de reconforto é uma punição diária. Ela já não consegue memorizar os textos, gagueja mais do que antes, mostra-se desagradável com os que a cercam. Queixa-se para quem quiser ouvi-la de Natasha, que tem cada vez mais dificuldade de fazê-la ensaiar, queixa-se a Milton Greene, um fotógrafo da *Look* com quem ela simpatizou, além do fiel Bob Slatzer, que ela vê às escondidas, ou a Charles Feldman, seu agente. Para acalmá-la, este último, que mora do outro lado da rua, convida-os uma noite, a ela e Joe, para jantar na sua casa.

Nessa recepção está presente um jovem e brilhante senador democrata, na companhia de sua esposa, Jackie. John Fitzgerald Kennedy.

JFK

É o encontro de dois carnívoros. Dois animais famintos de poder, de desejo de revanche, ambos alimentados no pasto da frustração e da falta de amor, que conseguiram, a dentadas e unhadas, fazer de sua frágil constituição natal uma máquina de guerra implacável, uma armadilha mortífera. Dois animais egoístas e ariscos, obedientes, pois a ambos foi dada a ordem mais ou menos tácita de satisfazer as ambições maternas ou paternas. Dois animais solitários, incapazes de amar. John Kennedy tem nove anos a mais do que Marilyn. Seu inimigo são suas costas, que podem abandoná-lo de uma hora para a outra, que o enviam regularmente ao hospital e o obrigam a fazer amor sempre na mesma posição. Isso não o impede nem de se alistar na marinha em 1941, nem de seduzir tudo o que se mexe, particularmente do lado de Hollywood onde a carne é generosa e dócil. John Kennedy faz como papai e adora as presas fáceis, rapidamente consumidas, rapidamente dispensadas. Seus numerosos embates postos sob escuta pelo FBI durante anos revelaram que o amante Kennedy não se destacava nem pela duração, nem pela variedade. A reputação de irresistível conquistador que ele construiu durante anos nas noitadas de "piscina" dos produtores de cinema se deve menos às suas performances na cama do que à sua imagem.

Como Marilyn.

Eleito para o Senado em 1953, John Kennedy casou-se também nesse ano, condição necessária ao prosseguimento de sua carreira política. Ele precisa doravante ser mais discreto, pelo menos em público, quando parte para a caça. Ou ser mais organizado.

Alguns afirmam que Marilyn e ele se conheciam desde 1946, quando, ninfeta de biquíni e ainda Norma Jeane, ela frequentava as famosas festas noturnas de Hollywood, e ele, jovem representante na Câmara de Boston, amante de Gene Tierney e de muitas outras, ia saciar sua necessidade de jovens corpos oferecidos sem nenhuma resistência. Ela não era nada. Ele já era célebre. Talvez tenham de fato se cruzado, talvez tenham até dormido juntos. Como Marilyn iria se lembrar de todos os homens que a agarraram por alguns minutos, deliciosamente bêbada, em um quarto emprestado, e que ela nunca mais reviu? E ele, dessas inumeráveis conquistas de uma noite? Mas Monroe não é uma loura como as outras, e Kennedy não é um qualquer – ferido em combate durante a guerra, herói nacional, rosto de anjo com mandíbula carnívora, dentes brancos e sorriso triunfante. Ela o reviu. Desde 1950, ele frequenta regularmente as recepções dadas por Feldman, o agente de Marilyn. Testemunhas afirmam ter visto já nessa data Marilyn e John passeando, mão na mão, pela costa de Malibu. Pouco importa. Seja qual for a data, esses dois acabariam se encontrando. Aureolados pela mesma luz, por um brilho semelhante, atrairiam-se necessariamente, preenchendo cada um as lacunas do outro. Quanto mais a popularidade de ambos aumentava, mais eles se tornavam uma fantasia nacional. Mais podiam oferecer-se reciprocamente o triunfo.

Em 1954, Marilyn Monroe não é mais uma das pequenas starlets anônimas rapidamente esquecidas do catálogo de Kennedy. Ela se tornou no mínimo tão célebre quanto ele, senão mais. Em um outro nível e por outras razões. Ela é um símbolo sexual universal, o sonho de todos os homens. Kennedy pai, cuja ligação com Gloria Swanson era notória, não teria desaprovado uma escolha como essa no próprio currículo. Seu filho tem obrigação de estar à altura. Durante e noitada estival na casa de Feldman onde Jackie e ele jantam em companhia dos DiMaggio, o recém-casado senador de 37 anos devora com os olhos de forma afrontosa a loura lasciva de voz de criança. A ponto de provocar um mal-estar geral e o furor do grande Yankee, que tem vontade de arrebentar a cara de apaixonado do bonitão com o seu taco de beisebol e prefere voltar para casa antes de provocar uma desgraça. Sozinho. Nessa noite, Marilyn não o seguiu e ficou para enfrentar o olhar de Kennedy.

Um deveria necessariamente terminar sendo o predador do outro.

Mrs. DiMaggio (*Fim*)

Em agosto de 1954, Marilyn passa diretamente da filmagem de *O mundo da fantasia* para a de *The Seven Year Itch* (*O pecado mora ao lado*). Impaciente para rentabilizar ao máximo o fenômeno, a Fox não lhe concede sequer um instante de interrupção. Com medo de DiMaggio, cuja violência a mantém prisioneira, Marilyn acolhe com ardor a comédia ligeira, adaptação de uma peça de teatro de sucesso na Broadway. Ela vai interpretar a personagem da "vizinha do andar de cima", bomba voluptuosa e ingênua que vem perturbar a vida tranquila de Tom Ewell, mitômano iluminado, cuja mulher acompanhada do filho partiu para o campo para fugir do calor do verão nova-iorquino. Vai começar tudo de novo. Mas a diferença, dessa vez, é que Billy Wilder está no comando. Sem jamais ficar ridícula, Marilyn vai poder exibir plenamente suas armas tragicômicas sensuais, caricaturando-se a si mesma com a música de Rachmaninov ou exaltando as qualidades de um dentifrício. Um toque de tristeza estabelece-se no seu belo rosto, diferenciando-a da Monroe de antes, símbolo sexual em plena possessão de seus dotes, certa de sua sedução. A dúvida e o sofrimento começaram sua obra de destruição. No esfacelamento de seu casamento com Joe DiMaggio, Marilyn enxerga o fracasso de sua vida, sua condenação ao sofrimento e ao nomadismo. Mesmo que seu coração chore e que ela desmorone um pouco mais a cada dia, é preciso que se mova diante das câmeras, radiosa, superficial, refinada, mais adorável do que nunca. Uma certa melancolia instalou-se nos seus sorrisos e nos grandes olhos azuis, e a tela não a atenua mais por completo. Excelente filme, engraçado e feito com esmero, que se esquiva com destreza das patrulhas da censura (as cenas que envolviam muito explicitamente o sexo e o adultério eram proibidas), *O pecado mora ao lado* revela, sem que ela se dê conta, uma nova Marilyn, dividida permanentemente entre sua verdadeira identidade e sua imagem de bomba sexual internacional, como mostra esta composição em abismo no final do filme:

– [...] a loura na cozinha.

– Que loura na cozinha?

– Bem que você gostaria de saber, hein? Talvez seja a Marilyn Monroe! [...]

E, de fato, é ela.

Para exibir na tela todo esse frescor, essa espontaneidade, essa beleza única, essa alegria comunicativa, Marilyn precisa lutar contra seus demônios. Às vezes leva horas, por isso os atrasos que se acumulam, as tomadas que se amontoam, o orçamento que explode. Billy Wilder resiste: a imagem de Marilyn, quando termina aparecendo, não tem preço; ela é divina, maravilhosa.

No dia 9 de setembro, a estrela parte para Nova York, onde devem ser rodadas as cenas externas. Joe vai se encontrar com ela cinco dias mais tarde no hotel Saint Regis, decidido a rever os colegas da Costa Leste enquanto a esposa se requebra sob os projetores. Na própria noite de chegada, 14 ou 15 de setembro de 1954, a produção planejou filmar no coração de Nova York uma curta cena em que a loura criatura se entrega inocentemente, no espaço de um instante, à volúpia de deixar o vestido se levantar em cima de um bueiro de metrô. Para não criar problemas de trânsito, e com o objetivo de evitar uma excessiva aglomeração de desocupados, determinou-se que a filmagem dessa curta cena seria feita depois da meia-noite. Não longe dali, Joe DiMaggio passa a noite num restaurante de amigos seus, preferindo ignorar com desprezo o que ocorre a algumas centenas de metros. Mas, à medida que avançam as horas, a efervescência cresce. Na rua, as pessoas correm às dezenas, em seguida às centenas; curiosos, admiradores, policiais, repórteres, fotógrafos; ouvem-se gritos, sirenes; uma agitação não habitual ocorre também no restaurante; os fregueses saem precipitadamente para ir olhar. Às duas horas da manhã, resignado, DiMaggio cede à pressão geral e se dirige por sua vez ao local para onde todos convergem. Milhares de anônimos se reúnem atrás das barreiras protegidas por guardas. O conjunto da polícia nova-iorquina está a postos. Apesar da hora tardia, há engarrafamentos monstruosos nas ruas adjacentes. Nas janelas, centenas de pessoas espiam com os olhos voltados, todos, para uma pequena silhueta branca e loura da qual um enorme ventilador elétrico colocado sobre o respiradouro do metrô faz voar o vestido. Todos estão conscientes, possivelmente, de estar vivendo um momento histórico – do cinema e da América. Todos sob a saia de Marilyn, em êxtase barulhento diante das pernas afastadas de Marilyn, das coxas de Marilyn, da calcinha de Marilyn.

– Que confusão é essa? – vocifera DiMaggio antes de abrir caminho com fortes cotoveladas.

"Jamais me esquecerei do olhar assassino dele", relatará Billy Wilder. Mais tarde, ainda de noite, os vizinhos de quarto do casal DiMaggio no hotel Saint Regis foram acordados por uma gritaria violenta, barulhos de coisas quebrando, soluços de mulher.

A filmagem de *O pecado mora ao lado* prossegue aos trancos e barrancos. Joe foi embora. Os maquiadores dissimulam os roxos e as equimoses no rosto e nos braços de Marilyn. À imprensa cética que a assedia diariamente, repete incansavelmente que tudo vai bem entre o marido e ela. Contudo, de volta a Los Angeles, em 5 de outubro, é uma Marilyn arrasada, em lágrimas, com a testa arroxeada pelos socos, sem pintura e fotografada por todo lado, que anuncia gaguejando, protegida pelo advogado, seu divórcio de Joe.

– Estou muito triste, muito triste – repete chorando.

O casamento durou nove meses. A América, que adora Marilyn e perdoa tudo, não lhe guarda rancor por quebrar seu mito. Ela lhe deu um outro: a fotografia do vestido branco inflado pelo sopro do metrô, alguns meses mais tarde, vai estar em toda parte, cobrindo prédios, tornando-se emblema nacional e dando a volta ao mundo. Se, na montagem final do filme, a sequência em questão, censurada, ficou muito curta e muito casta (Marilyn foi cortada em dois, veem-se furtivamente suas pernas até a metade da coxa), em compensação, durante a filmagem (inútil, de resto, uma vez que foi preciso recomeçar tudo em seguida no estúdio), para desespero de Joe, toda a anatomia inferior da atriz foi posta à vista durante horas. E enquanto milhares de fãs esfregavam os olhos, o casamento de Marilyn assinava sua sentença de morte.

No dia 5 de novembro de 1954, *O pecado mora ao lado*, que iria bater todos os recordes de bilheteria, ficou pronto. Uma grande recepção organizada em homenagem à loura vedete reúne toda Hollywood. Sob os olhos de Gary Cooper, James Stewart, Lauren Bacall, Humphrey Bogart e muitos outros, Marilyn, irradiando beleza, faz sua aparição de vestido preto com mais de uma hora de atraso. Durante a festa glamorosa, ela realiza um sonho de criança e conhece Clark Gable, seu Daddy imaginário e fantasiado. A menininha que queria que olhassem para ela chegou ao fim de alguma coisa. E se libertou, ela acredita, de diversas correntes.

Quando Zanuck lhe dá para ler o roteiro de *How to be Very Popular*, no qual encarnaria uma dançarina burlesca loura e burra, dessa vez ela diz não. Tanto mais que acabou de entrar em cartaz *O mundo da fantasia*, reprovado pela imprensa pela vulgaridade. Alguns dias mais tarde, disfarçada numa peruca preta e sob o pseudônimo de Zelda Zonk, Marilyn Monroe some do mapa.

Renascer, diz ela

Golpe teatral em Hollywood. Marilyn Monroe desapareceu. "Para onde foi Marilyn?", perguntam os jornais. Afora Natasha Lytess, que ouviu a confidência, ninguém sabe. Loucos de raiva, os dirigentes da Fox cogitam suprimir o prêmio de cem mil dólares prometido à estrela. Marilyn é "propriedade" deles. Ela não tem o direito de se volatilizar assim. Até aquele momento, com mais ou menos dificuldades, eles haviam conseguido fazer com ela o que queriam. Ela não pode fazer uma coisa dessas com eles. Vai pagar caro.

Podem continuar bradando e ameaçando: no final do ano de 1954, Marilyn já era. Ela não se escondeu; na realidade, ela não existe mais.

Já há algum tempo ela vinha elaborando seu plano, pesando os prós e os contras, com a cumplicidade do fotógrafo Milton Greene, que lhe sugerira a ideia, e de dois advogados nova-iorquinos: romper com a Fox e o sistema hollywoodiano que a explorava e lhe pagava mal, livrar-se da "Marilyn Monroe", não depender mais senão de si mesma, fazer filmes de verdade com verdadeiros roteiros e verdadeiros papéis. Organizar seu próprio sequestro. Depois de hesitar por muito tempo, ela se decide e solta as amarras, morena e sozinha, e vai para Nova York, onde Milton Greene e sua mulher, Amy, a aguardam. Uma nova vida começa para ela. Há anos ela vem encadeando filmagens, umas depois das outras, sem descanso, prisioneira de sua imagem. Reclusa na bonita fazenda dos Greene em Connecticut, afastada de tudo, longe das mansões e das piscinas de Beverly Hills, sem pintura, vestida de forma simples, a ex-Marilyn Monroe redescobre, de acordo com seus anfitriões, o natural e a simplicidade, as alegrias de um passeio pela floresta, os pratos simples, o canto dos passarinhos e o riso das crianças. Amy e Milton têm dois filhos pequenos. Marilyn dorme de dia e lê de noite, devora tudo que encontra na rica biblioteca dos Greene, ajuda a cozinheira, a quem conta sua vida, o fracasso do casamento com Joe e fala da mãe internada num asilo psiquiátrico. Gosta também de caminhar, anônima, invisível, fictícia Zelda Zonk, pelas ruas de Nova York, circular pelas butiques, frequentar museus ou ficar silenciosa, enfiar-se num canto da sala como se quisesse fundir-se para sempre e se tornar transparente. Quando os Greene recebem amigos, ela se mostra tímida, assustada, surpreendentemente pouco segura de si, a léguas de sua imagem. A gagueira ressurge. É uma mulher ferida, uma menininha mal-amada tentando se reconstruir, se construir de verdade, que gostaria de saber quem ela é e está em busca mais do que nunca de respeito. No seio de uma verdadeira família, ela descobre o lar que lhe falta. Ao descobrir o incógnito, aproxima-se da sua verdade.

Mas, se essa visão com frequência veiculada do "retorno às origens" da nova Marilyn e de sua alegria campestre a descascar batatas não é falsa, ela é ainda assim incompleta. Milton Greene, que fez algumas das mais belas e sensuais fotografias de Marilyn, não resiste, aparentemente, à tentação loura, como ele confessará em suas memórias, e não é para ela somente um parceiro profissional; dependente de remédios, calmantes, soníferos, torna-se também seu fornecedor titular; quanto a Amy, sua expansiva esposa, ela sente um prazer maligno, ao que parece, em exibir a cultura que alega ter, em humilhar publicamente por diversas vezes sua celebérrima convidada e tratá-la como uma coisa sem valor.[1] Um fato revela bastante bem o mal-estar e os desejos contraditórios de Marilyn nessa época de "recolhimento": tão logo chega à Costa Leste, apressa-se a pedir ajuda ao seu recentíssimo ex-marido, Joe DiMaggio, que acorre na mesma hora. Após um divórcio rumorosamente midiatizado (Marilyn de vestido preto e veuzinho no chapéu perseguida por repórteres na entrada e na saída do tribunal) e concluído há pouquíssimo tempo, os dois ex-esposos parecem sentir uma furiosa necessidade um do outro. O que talvez pareça claro à ex-mrs. DiMaggio é que, quando ele batia nela, na realidade era a dublê loura que ele queria atacar. Era ela que ele jamais suportara. É dela igualmente que Marilyn deseja também se livrar.

Em Manhattan, onde ela se instala dentro de pouco tempo, com a ajuda de Joe, no hotel Gladstone, na rua 52, depois em uma suíte do Waldorf, a atriz vive luxuosamente. Frequenta os intelectuais – Truman Capote é um deles –, talvez veja também John Kennedy durante suas passagens pelo Carlyle (na ocasião de sua última hospitalização, ele pendurou sobre a cama um pôster de Marilyn de short olhando para baixo), e multiplica as ligações sem amanhã (com Marlon Brando, por exemplo). Pode-se, portanto, relativizar o "retiro" nova-iorquino de Monroe. Não é tão simples fazer tábua rasa. A solidão é a inimiga absoluta, o soro da verdade. Só a dispersão, que é uma outra forma de embriaguez, permite enfrentá-la. Como se constata, é preciso desconfiar.

No dia 7 de janeiro de 1955, durante uma coletiva de imprensa com Milton Greene diante de uma plateia de jornalistas nova-iorquinos metade corteses, metade divertidos, Marilyn Monroe proclama o nascimento de sua empresa de produção.

– Cansei de ficar presa ao meu papel de símbolo sexual. Quero interpretar personagens dramáticas.

– Quais por exemplo?

– Grushenka, por exemplo, em *Os irmãos Karamazov*.

– Como a senhora escreve isso?

Marilyn enfrenta as alusões desdenhosas dos repórteres e a raiva de Zanuck que, por intermédio de advogados, lembra-a de que ainda deve quatro anos à 20th Century Fox. Miss Monroe resiste, determinada a não mais interpretar as imbecis felizes mas, ao mesmo tempo, mais paradoxal do que nunca. De fato, se, em março, ela conhece Lee Strasberg e entra para o prestigioso Actors Studio, desfila também na mesma data de meias rendadas e bustiê provocante, montada no alto de um elefante cor-de-rosa, durante uma festa organizada no Madison Square Garden – é bem verdade que para uma causa justa (os doentes acometidos de poliartrite) –, ou consente em ser uma alegre lanterninha na estreia de *East of*

Eden (*Vidas amargas*), de Elia Kazan, com toda a parafernália loura a que tem direito.

Não é tão evidente que tenha se desfeito de sua personagem. Também não é tão evidente que tenha feito todas essas coisas. A partir dessa época, Monroe (mais exatamente seu quarto) foi posta sob escuta pelo FBI e espionada por DiMaggio, que não tem outra coisa a fazer, evidentemente, além de vigiar as frequentações da ex-mulher. Continuando a confundir as pistas, ela se apresenta de braço com ele na estreia de *O pecado mora ao lado*, no dia 1º de junho, data em que completa 29 anos. Ela continua desmentindo qualquer reconciliação entre eles. Porém, alguns dias antes, ao ver o cartaz de quinze metros de altura mostrando-a no vestido branco levantado exibido no Loew's Broadway de Times Square, fez o jogo diante da imprensa mas, tristemente, disse baixinho a seu amigo Eli Wallach:

– Olhe só o que eles fizeram de mim.

Mundana, Marilyn arrasta os Greene felicíssimos para o turbilhão das festas nova-iorquinas. Ela bebe muito, embriaga-se de champanhe, gasta sem contar. Os bens materiais jamais a interessaram. Seus novos amigos, mesmo lhe querendo bem, não necessariamente entendem as coisas dessa maneira. Lee* e Paula Strasberg, que rapidamente a "adotam" e a fazem a musa do Actors Studio, aproveitam-se desse maná caído do céu e, embora finjam só estar interessados na "chama mística" de Monroe, vão encher graças a ela sua caixa registradora e conseguir passar do pequeno quarto e sala onde moravam para um amplo apartamento no Central Park. Marilyn, que tanto duvida de si mesma e deseja acima de tudo provar que existe por baixo da aparelhagem loura, empolga-se com o famoso "Método", aceita recuperar as emoções de sua infância, como preconiza Lee. Trabalha humildemente cenas difíceis diante de outros alunos e cai inteiramente sob o domínio dos Strasberg,

* Lee Strasberg (1901-1982): ator, diretor, produtor e professor de arte dramática (dirigia o Actors Studio), considerado o patriarca do "Método", sistema de representação da dramaturgia que inspirou legiões de grandes atores americanos. (N.T.)

que são de fato os únicos, ela acredita, a considerá-la uma verdadeira atriz. O casal percebe imediatamente sua falta de confiança, sua necessidade de amor e de família. Então eles a recebem em casa frequentemente e a cobrem de cumprimentos e conselhos. Fascinada por sua cultura, envergonhada da própria ignorância, Marilyn se coloca numa posição de extrema dependência em relação a eles.

Evidentemente, o vice-presidente das Marilyn Monroe Productions não aprova muito tal ligação. Entre os Strasberg e os Greene, a batalha tácita pela posse exclusiva de Marilyn está aberta. Marilyn não intervém. Nas rivalidades que se estabelecem em torno dela, ela jamais intervirá. Dividir para melhor reinar parece ser sua divisa. Ela não tem talento, de todo modo, para a fidelidade. Desde a mais tenra infância, foi habituada a se dividir entre diversos lares.

A crítica cobre de elogios enfáticos seu trabalho em *O pecado mora ao lado*. O público aflui em massa. Durante o verão de 1955, a Fox é obrigada a admitir que sua loura burra lhe traz uma fortuna. Talvez seja mais razoável negociar com ela. No outono, tratativas estão em curso entre Hollywood e Milton Greene. Elas se concluem em novembro com uma capitulação total dos estúdios. Marilyn trabalhará em quatro filmes da Fox, com os produtores e os roteiristas de sua escolha, por um cachê global de oito milhões de dólares e cem mil dólares de recompensa. Zanuck, que a demitira, foi substituído por Buddy Adler.

Em Nova York, Marilyn saboreia a vitória. O ano de 1955 marca para ela um autêntico renascimento. Ela não fez um filme, mas sua vida mudou. Influenciada por Lee Strasberg, começou a fazer psicanálise. Não contente de ter ganho respeito, deseja se enriquecer em profundidade. Cercou-se de “verdadeiros” amigos. Tem belos filmes à frente e muito dinheiro. Crê ter derrubado sua loura adversária. De resto, nesses últimos tempos, seus cabelos adquiriram um tom mais natural, menos oxigenado. Após uma enésima cena violenta, Joe DiMaggio voltou para São Francisco. Um novo homem passou a ocupar, de todo modo, o lugar de predileção na vida de Marilyn e vai ser mais importante do que todos os outros. Um homem com quem ela sonha há muito tempo. O nome dele é Arthur Miller.

Antes da queda

A razão cedeu. A moral, o bom-senso, a lucidez, o dever familiar, a imagem pública, a ascese artística, o sacerdócio da escrita, tudo cedeu diante da catapulta loura. Foram necessários quatro anos, mas a cidadela de Miller terminou se rendendo.

Intelectual engajado, controvertido e respeitado, filho, pai e marido respeitável, Arthur Miller tinha a priori tudo a perder exibindo-se ao lado de Marilyn Monroe. Um dramaturgo judeu de quarenta anos considerado tão divertido quanto uma porta de cadeia, inibido ao extremo, de caso com a mais célebre perua do mundo? Uma história que não se sustenta nem por um minuto, uma passagem só de ida para o desastre, e um benefício inesperado para a imprensa, que não acredita nos próprios olhos e aplaude com vontade a improvável união do "corpo" e do "espírito". Mas antes de explodir à luz do dia a história de amor mais inverossímil do século XX, e antes de os cronistas mundanos do mundo inteiro se regalarem, foi preciso passar pela excitação vergonhosa da proibição, pela mentira, pela culpa, pelo remorso e pelo perigo da clandestinidade. Entre o começo de 1951, quando uma starlet de nome Marilyn veio despertar a libido adormecida do dramaturgo de passagem por Los Angeles, e 1955, quando os dois se encontravam em Nova York, a situação mudou. Agora, Monroe não é mais apenas a fantasia sexual e inconfessável de Arthur Miller, ela é a de milhões de homens. O autor de sucesso foi muito falado nas mídias dois anos antes por causa de sua explosiva peça *The Crucible* (*As bruxas de Salem*). Nesse ano de 1955, quando se exibem por todos os muros de Nova York os cartazes de Marilyn com o vestido levantado, Arthur Miller procede aos remanejamentos finais de sua última obra, *A View from the Bridge* (*Panorama visto da ponte*), cuja estreia será em 29 de setembro. Miller e Marilyn reviram-se no entretempo? Desde 1952, Marilyn não passa mais despercebida, e suas estadias em Nova York são limitadas. Se existiu uma ligação, ela foi provavelmente epistolar. Marilyn considerava casar-se com Miller como o supremo reconhecimento; e ele certamente se prendia a Marilyn como a uma ilusão reconfortante, impossível e compensatória.

Em 1955, Nova York os reúne à força. Miller assiste à estreia de *Vidas amargas* e, como toda a sala, não tem olhos senão para a escultural lanterninha, cuja visão tenta esquecer ao chegar em casa às custas de muito chuveiro frio. Contra a boneca de Hollywood de biquíni, o dramaturgo talvez pudesse ter resistido. Ainda que tivesse cedido, teria rapidamente se recuperado. Mas, durante algumas noitadas intelectuais nova-iorquinas, foi uma outra mulher que Miller descobriu com assombro. Uma mulher que os convidados não reconheciam, não viam. Ela conseguira se tornar transparente, o que a redefinia mas dava a entender também, talvez, que não existisse. Um fantasma. Miller só tem olhos para ela, pequena e frágil, sem pintura, desprovida de sua personagem, perdida dentro de sua história e de sua lenda, com sede de ser compreendida e amada, de aprender e saber, de ter um pouco de autoestima. Um pedido de ajuda.

– Oh, papai! – exclama atirando-se nos braços dele.

Ele não resistiu, não quis mais imaginar a vida sem ela.

Marilyn Monroe invadiu a vida de Arthur Miller, ainda casado, dividido entre o mundo que construiu e o desconhecido, incerto e sulfuroso, que se abria para ele. Continuar um marido e um pai ideal, perdoar-se pelo eventual desvio de um adultério burguês sem perigo, ou arriscar tudo e se entregar à miragem de uma nova partida, de uma nova vida? Renascer ao lado de uma mulher bela e sexy, inconcebível até então para seu meio, desobedecer à ordem estabelecida, familiar, viver ainda, viver enfim? Eis com o que, em 1955, Arthur Miller se vê confrontado. Alguns chamam isso de crise dos quarenta. Para a maior parte dos homens ela termina se esgotando; para outros, ela explode e arrasta tudo em sua deflagração. Miller está entre estes últimos, recusa-se a sê-lo mas vai se encontrar, como um fora da lei, em abraços furtivos e necessariamente frustrantes, com o objeto de todos os seus pensamentos, de sua dolorosa obsessão, cego, inconsciente, possuído, libertado, persuadido de que tudo pode se arranjar, de que tudo vai se arranjar. É só um desvario passageiro. Uma criança violada, uma menina casada aos dezesseis anos, uma pin-up para militares, que não hesitou em posar nua (Miller possuiria um exemplar do famoso calendário no fundo de uma gaveta?), foi capa de todas as revistas vestida nos trajes mais obscenos, abusa de champanhe e não dorme sem se entupir de barbitúricos. É pura loucura.

Nessa época, Miller consegue ignorar, de resto, que não é o único a frequentar a suíte 2728 do Waldorf? Como sustentar o olhar dos empregados do hotel, dos porteiros, quanta gorjeta vai ter de desembolsar para garantir a discrição de seus cúmplices de infortúnio? E as aparições públicas de Marilyn no braço do ex-marido? Mas por que o austero Arthur Miller não sentiria um certo orgulho de se saber um igual, até um rival, de Marlon Brando, e de ter conseguido dobrar a mulher mais bela do mundo? Por que não se orgulhar de ser o amante secreto, o mais dissimulado por ser o mais vulnerável, o mais precioso? Aquele que tem esperança de eclipsar todos os outros e parar a Traviata na sua descida destrutiva? Miller está concorrendo e, no decorrer dos dias, vai passar à frente. Como revela nessa época uma tórrida indiscrição classificável como fofoca: "A mais célebre atriz loura da América é agora a namorada de um homem conhecido por suas simpatias pela esquerda..."[1]Andam falando. Por sua vez, o FBI não perde uma migalha dos embates entre Monroe e Miller.

Pouco tempo depois, Marilyn se instala em um pequeno apartamento, no número 2 da Sutton Place South, onde Arthur vai vê-la regularmente, esforçando-se para não chamar atenção. Ela não está de passagem. Pode-se dizer que cogita ficar um pouco. Ele a transformou, asseguram os amigos comuns, poetas e escritores. Miller está perturbado. Nunca pareceu tão feliz, tão apaixonado, tão jovem. Ela nunca pareceu tão enternecedora, tão calma. Todos os dois vibram, irradiam felicidade. Seus corpos se procuram sem cessar, seus olhares se encontram e se acariciam. Eles se amam loucamente. É caso, avalia-se, de casamento. Arhur Miller tomou sua decisão. De uma certa maneira, ela se tomou sozinha. Um pós-Marilyn é impensável. Nenhum retorno é possível.

Ela ganhou sua aposta insensata. A atriz mais bem paga do mundo se apronta agora para reentrar em Hollywood pela porta da frente. Num gesto de reparação pública, a Fox estendeu o tapete vermelho para ela e lhe deu o papel trágico de Cherie em *Bus Stop* (*Nunca fui santa*), que vai ser dirigido por Joshua Logan, baseado na peça apresentada triunfalmente na Broadway. Algum tempo antes, Marilyn se apresentara com brio no palco do Actors Studio: sua interpretação de Anna Christie na obra epônima de Strindberg, diante de uma plateia de gente de teatro desdenhosa, valeu-lhe uma *standing ovation* e as lágrimas de toda a assistência.

No dia 9 de fevereiro de 1956, os jornalistas acorreram em massa à nova coletiva de imprensa convocada pela divina loura ao lado de um convidado prestigioso: Laurence Olivier. Milton Greene convenceu o grande ator inglês a levar para a tela a peça que ele realizara com sucesso junto com sua mulher, Vivien Leigh, *The Sleeping Prince* (*O príncipe encantado*), e substituir esta última no cinema por Marilyn. *A british distinction* diante da *american sex symbol*. Shakespeare contra Barbie. Um duo impossível; um duelo que parece inevitável. Depois de algumas negociações, como seu nome em destaque no cartaz, sir Laurence se deixa tentar pela aventura. Curioso, impaciente, vem em pessoa a Nova York se encontrar com Marilyn e anunciar publicamente que ele mesmo dirigirá *O príncipe encantado*, primeiro filme produzido pela empresa de Marilyn Monroe e a Warner Bros. Aureolado por sua glória cênica, sir Laurence não espera a acolhida que lhe reserva a imprensa nova-iorquina. Ninguém presta atenção nele. Todos se precipitam sobre sua parceira e a metralham com os flashes e com perguntas provocadoras, sarcásticas. O desejo de Marilyn Monroe de ser levada a sério é maltratado pelo ceticismo dos críticos. Os ataques disparam. A estrela não se intimida e responde à altura. Quando finalmente as pessoas se interessam um pouco por Laurence Olivier, mortificado por estar fazendo papel de bobo, uma alça do vestido de sua langorosa vizinha se rompe em momento oportuno, desencadeando o alarme geral. É preciso mandar evacuar a sala imediatamente.

Sir Laurence retornou pouco tempo depois a Londres, com as pernas bambas, o espírito perturbado, o corpo vibrando por causa das ondas que percebeu em Marilyn, persuadido de que se apaixonaria perdidamente por ela e mergulharia nos seus braços quando chegasse a hora, incapaz de resistir ao seu magnetismo animal, envergonhado por se sentir atraído por uma criatura assim, angustiado diante da ideia de ter cometido o pior erro de sua vida ao se jogar numa filmagem que, evidentemente, não seria nem um pouco fácil. Marilyn também deixa Nova York e aterrissa em Los Angeles, sóbria e loura, segura do efeito que provocou, num vestidinho chique abotoado até o pescoço e mãos enluvadas, sob os gritos de milhares de admiradores e o crepitar das centenas de máquinas fotográficas que se dispuseram a esperar duas boas horas antes de ela se dignar a sair do avião.

"É a nova Marilyn Monroe?", perguntam os repórteres.

"Foi apenas meu vestido que mudou. Eu continuo a mesma." (Voz sussurrante e sorriso travesso.)

Apesar das tiradas de humor e da arte de seduzir os jornalistas, trata-se de fato de uma Marilyn nova que retorna ao Oeste. Uma Marilyn que parece mais dura, mais fria, mais incontrolável do que nunca. Sempre nômade, sem verdadeiro domicílio fixo. Milton e Amy Greene alugaram uma casa em Beverly Glen Boulevard onde ela pousa por um tempo suas malas antes de partir para o Arizona, local em que serão rodadas as cenas de *Bus Stop*. Para esse filme, Monroe exigiu que a Fox contratasse a peso de ouro Lee Strasberg como seu ensaiador pessoal. Mas Lee não pode largar o Actors Studio por um período tão longo e delega em seu lugar a mulher, Paula, pequena silhueta gorducha vestida de preto, echarpe preta, óculos pretos, espécie de dama antiga de rosto severo, que vai doravante seguir Marilyn de bem perto, como uma má consciência, e atrair para si o ódio feroz de todos os diretores e técnicos do set. Pois depois que voltou de Nova York, após mais de um ano de ausência, Marilyn despediu Natasha Lytess sem sequer uma sombra de explicação. Como uma qualquer. Recusa-se a vê-la e a falar com ela por telefone. Como compreender esse traço de crueldade, em princípio gratuito e inesperado, por parte da atriz em relação a alguém que lhe foi tão próxima e útil? Teria caído a esse ponto sob o domínio dos Strasberg? No intenso desejo de passar um traço em cima do passado e recomeçar do zero a carreira e a vida, Natasha teria necessidade de ser sacrificada? Estaria Natasha de fato pensando em escrever um livro sobre Marilyn, o que teria deixado a atriz louca de raiva? A verdade é que Monroe não tem mais necessidade dela. Não voltará atrás em sua decisão, não responderá a nenhuma das cartas desesperadas que Natasha lhe enviará até 1962. As duas nunca mais se reverão.

Agora é Paula Strasberg, apelidada maldosamente de Black Bart (a baronesa negra) pelo pessoal de cinema, que não deixa mais Marilyn, que a mima, bajula-a, alisa-a, murmura-lhe palavras doces. Paula, cordialmente detestada por Greene e evidentemente por Miller.* No centro dessas surdas rivalidades, resolvida a imolar a antiga Marilyn, a nova age sem subterfúgios: para o papel de Cherie, pobre moça sem talento, debilitada pela falta de amor e pelas ilusões perdidas e que vai terminar seduzindo um caubói impetuoso e ingênuo, ela assume todos os riscos. Para a grande inquietação da Fox, a atriz

* No triângulo erótico-amoroso-profissional traçado em torno de Marilyn, as relações de força são as seguintes: Arthur Miller não suporta o casal Strasberg, que ele considera uns charlatões, e procura excluir pouco a pouco Milton Greene da Marilyn Monroe Productions, seja por puro ciúme, seja por cálculo pecuniário – ou pelos dois; Milton Greene aceita mal o domínio dos Strasberg sobre Marilyn e desconfia de Miller como da peste; por fim, Lee e Paula Strasberg acham que a estrela tem necessidade deles e de seu "Método" antes de tudo, tanto para seu trabalho de atriz quanto para seu equilíbrio psíquico. Eles não gostam de Greene, excessivamente vulgar, nem de Miller, excessivamente pretensioso.

decide que vai usar em *Bus Stop* um guarda-roupa improvisado por ela mesma, e não feito sob medida, com a pele coberta por uma maquiagem lívida, os cabelos foscos e alaranjados. Para coroar o conjunto, falará com uma voz aguda, com um sotaque terrível, e cantará em falsete o trecho que deve entoar na cena do saloon. No retorno de Marilyn Monroe à tela, consternados, os dirigentes do estúdio tentam se opor a esse perigoso capricho. O que eles querem de verdade é o símbolo sexual. Mas a atriz, apoiada por Milton Greene e por Joshua Logan, não arreda pé. Quando soube que era Marilyn que ia encarnar Cherie, o diretor a princípio soltou gritos estridentes, consideravelmente agravados quando soube que ela impusera ao seu lado a onipresença de Paula Strasberg. A reputação de uma Marilyn incontrolável, dada a atrasos monstruosos, capaz de fazer com que a mesma cena tenha de ser regravada vezes incontáveis e explodir o orçamento de um filme, deu a volta ao mundo. Logan tem medo de enlouquecer. Além do mais, ele não acredita no talento dela de comediante e a considera uma pin-up de calendário. Como consolo, consegue da Fox que Paula permaneça nos bastidores e não apareça no set.

Joshua vai rapidamente mudar de opinião (para o bem). Os técnicos também (para o mal). A ex-starlet tímida e assustada como um passarinho, que sempre tinha uma palavra gentil para cada um, é agora uma mulher indiferente, glacial, concentrada, que só fala com Paula, só ouve Paula e exige que se recomecem as tomadas mais e mais vezes enquanto Paula não estiver satisfeita. Está permanentemente em luta contra a angústia e a autodesvalorização, em guerra contra si mesma, necessitando às vezes de várias horas para conseguir sair do camarim e enfrentar o olhar e o julgamento dos outros. Mas no final o resultado é extraordinário, é uma Marilyn que explode de verdade trágica, de emoções, capturada, prisioneira, tentando fugir e escapar do laço do homem que quer possuí-la, esgotada pela vida e recuperada pelo amor, que não hesitou em se desfigurar para recompor para si uma identidade, em se enfear para renascer. Logan tem de confessar, ele está impressionado e chega a admitir que ela é um gênio, compara Marilyn com Garbo e com Brando. A exasperação que ele experimenta às vezes diante de certos bloqueios de sua atriz e do tempo que ela precisa para "reencontrar" o personagem que interpreta são largamente compensados por sua performance. Uma verdadeira profissional, impiedosa consigo mesma, exemplar, que justifica o preço a pagar e os nervos à flor da pele de todo mundo.

A equipe parte pouco depois para o Arizona para filmar as cenas de rodeio. Arthur Miller instalou-se por seis semanas não longe de lá, em Nevada, a fim de acelerar o processo de divórcio que está empreendendo contra sua mulher, Mary. Às escondidas, os amantes conseguem se encontrar em alguns fins de semana em Los Angeles, no castelo Marmont, onde Marilyn alugou uma suíte tanto por preocupação de independência em relação aos Greene quanto por incapacidade de viver por muito tempo no mesmo endereço. Mesmo que o rumor sobre sua ligação esteja presentemente circulando em todas as bocas, Miller e Marilyn precisam permanecer extremamente discretos. De um lado porque, embora separado, o escritor ainda está legalmente casado e as relações com sua futura ex-mulher não são exatamente boas.* De outro, porque ele está na linha de mira da Comissão de Atividades Antiamericanas. Portanto, é correndo riscos consideráveis que a estrela e o dramaturgo se encontram nos fins de semana na luxuosa residência de onde não saem durante três noites. Se Miller parece de fato assumir suas escolhas privadas e consequências (o fim de dezesseis anos de casamento, a raiva dolorosa de Mary, a angústia de seus dois filhos) com uma relativa serenidade (durante as seis semanas passadas em Reno ele começa até a escrever uma nova peça), Marilyn, ao contrário, perturba-se com essa situação ainda mais ou menos secreta, não oficializada, na qual por ora ela é a amante de um homem casado cujo lar vai destruir. A menininha que queria

* Mary foi declarada culpada por "crueldade mental".

que olhassem para ela tem necessidade de luz. Portanto, que a verdade exploda finalmente à luz do dia, que todo mundo saiba que Arthur Miller, o grande intelectual nova-iorquino, e Marilyn Monroe se amam! Que a terra inteira tenha a prova de que ela é bem mais do que um corpo, uma "cabeça de palha"! Ela não aguenta mais de impaciência.

Na segunda-feira, quando a filmagem recomeça, ela não consegue se concentrar, voltar a ser Cherie. Tanto mais que a filmagem de *Bus Stop* é fatigante. A atriz vomita entre as tomadas. Telefona algumas vezes em lágrimas para Arthur Miller. A equipe a detesta, ela tem certeza; Logan a tiraniza, mesmo sendo, ela estima, o maior diretor com quem trabalhou até então. Quanto ao protagonista contratado para contracenar com ela, Don Murray, ele é detestável, trata-a mal, é pretensioso, desagradável, a ponto de, durante uma cena violenta, ter batido nela de verdade e se recusado a pedir desculpas em seguida. Ninguém a respeita, ela não aguenta mais. Ainda bem que Paula está lá para balançar suas mãos e fazê-la relaxar, e para cobri-la de elogios.

– Oh, papai, como eu preciso de você!

Na cabine telefônica, Miller escuta, transpira, vacila. Todas as noites, ele espera a ligação de Marilyn sob um nome em código, a vozinha gaguejante e frágil como seda que lhe provoca descargas elétricas. Um dia ele chegou a perder a consciência.

Em junho de 1956, Arthur Miller, recém-divorciado*, volta para Nova York, onde Marilyn, findo o trabalho em *Bus Stop*, já está. Nesse momento é difícil para eles, até mesmo impossível, não revelar à luz do dia seu amor, alvo favorito dos cronistas sociais. Dia e noite, os jornalistas espreitam diante do prédio de Marilyn, seguem seus menores deslocamentos, conhecem todas as entradas de serviço, as saídas de emergência, descobrem-na sob a peruca, sabem que é ela, mesmo sem pintura. Cada vez mais submersa por essas ondas que

* Segundo determinação de seu divórcio, ele é obrigado a residir durante seis semanas em Reno, sem sair de lá.

desencadeia, a jovem atriz, assustada, se entrincheira dentro de um cenário de móveis brancos e champanhe, onde o mundo real se afasta de maneira cada vez mais irreversível para dar lugar a um universo asséptico, separado em pedaços e fictício. Na sua torre de marfim, Marilyn, no exílio de sua personagem, procura repousar das batalhas que grassam inevitavelmente no seu círculo, como se as pessoas que a amassem não pudessem senão odiar-se entre si para melhor despedaçá-la de todos os lados. Paranoica, desconfia de todo mundo, vê-se frequentemente agredida por inimigos, espreita a eventual traição de alguém, distingue mal seus "verdadeiros" amigos dos aproveitadores, engana-se de adversários, toma-se de amores por uma pessoa para depois rejeitá-la repentinamente, com violência. Uma vez terminada a filmagem, Marilyn deixa triunfar dentro de si a solidão e a derrota. Sua vida é de uma tristeza assustadora. Entre as paredes brancas, passa os dias e uma parte das noites ao telefone, atordoada por sedativos ou excitantes, num abatimento profundo, dormindo de qualquer jeito, comendo qualquer coisa, evitando se aproximar das janelas por onde poderiam vê-la e de onde, sobretudo, ela ficaria excessivamente tentada a saltar.

Permanentemente presente do seu lado, Lena Pepitone, a empregada nova-iorquina, assiste regularmente à inacreditável metamorfose de sua patroa quando, por uma razão qualquer, ela precisa voltar a ser outra vez Marilyn Monroe, símbolo sexual universal. O cabeleireiro, o maquiador, o camareiro, a manicure, o massagista, todas as pequenas mãos que trabalham na boneca loura, marionetistas sem saber, não conseguem conter o espanto, impressionados, quando, ao cabo de oito ou nove horas de trabalho, veem surgir daquele pequeno ser frágil, apagado, feio e às vezes malcheiroso, a mais bela mulher do mundo, invencível e temível.

Entre as duas, a menininha trata de se manter de pé, navega entre seus extremos beirando o afogamento, perguntando-se qual o sentido daquilo tudo. Gosta de receber os convidados nua e sem pintura só para quebrar o mito e testar, como uma criança, se a amam por ela mesma. Mas só na vida privada. Em público, ela sabe, Marilyn é sua barricada. Impossível sair sem ela. Iriam cortá-la em pedaços.

A menor imprudência pode custar a vida.

Na madrugada de 21 de junho de 1956, Marilyn comete um erro. Acha que ainda é muito cedo, que ninguém a está vigiando e que não será vista deixando secretamente, sem pintura e sem peruca, com um simples óculos escuros, seu domicílio. Está tentando fugir. Do quê? De quem? Mas ela não consegue. Quando compreende que se enganou, é tarde demais. Jornalistas jorram de todo lado, colocam-na numa situação perigosa, impedindo-a de avançar ou de voltar para casa. Ela está presa na armadilha, acuada diante da sua porta, e os flashes crepitam de todas as partes, implacáveis, insensíveis às súplicas da pequena presa que procura proteger o rosto, tenta a cumplicidade, implora, chora, desmorona.

– Me deixem, rapazes, estou horrorosa, por piedade, me deixem.

Em vão. Eles querem saber tudo, pegar tudo, vender tudo. Para fazê-los parar, Marilyn é obrigada a confessar sua ligação com Arthur Miller. Sob tortura, confessamos crimes que não perpetramos.

As fotos de Monroe sem maquiagem darão a volta ao mundo.

Hoje para sempre

No mesmo dia, Arthur Miller responde à convocação da Comissão de Atividades Antiamericanas. A fim de acompanhar Marilyn a Londres, onde a filmagem de *O príncipe encantado* deve ter início durante o verão, ele solicitou um passaporte. Só a Comissão tem o poder de conceder-lhe. Marilyn estaria apreensiva com o comparecimento de Miller, temendo que ele se deixasse "massacrar"?[1] Ou então, mais vingativa, ela teria, quem sabe, exortado-o a não ceder e não informar nenhum nome?[2] Batalha entre "millerianos" e "monroeistas" sem grande interesse. Marilyn não tem nenhuma cultura política. A compaixão que ela pode demonstrar pelos mais fracos, inclusive os animais ou as plantas, não é senão a manifestação instintiva de um egocentrismo implacável no qual o menor infortúnio (uma flor esmagada) a remete ao seu próprio naufrágio e ao seu delírio de perseguição. Em compensação, uma coisa é certa: Marilyn precisa de um herói. Para amar um homem, ela precisa admirá-lo desmesuradamente. Miller não tem escolha: se não quiser cair no conceito de sua bem-amada, tem de ser valente, correndo o risco, ele sabe, de interromper sua carreira como numerosos artistas da época, proibidos de exercê-la por muito menos do que isso. Dizem que o presidente da Comissão lhe teria proposto veladamente um acerto amistoso: uma foto dele com Marilyn Monroe e tudo estaria arranjado.[3]

Miller evitou falar sobre isso com sua amada.

No dia 21 de junho de 1956, enquanto Marilyn, que depois do assalto da horda jornalística tornou a se embarricar dentro de casa, está à beira de uma depressão nervosa entupindo-se de tranquilizantes para recuperar o equilíbrio, Arthur Miller, em Washington, confessa diante da Comissão sua participação alguns anos antes em reuniões comunistas mas se recusa a declinar a identidade dos outros membros. Na metade do dia, à pergunta: "Por que o senhor quer um passaporte?", ele responde: "Para ir à Inglaterra com a mulher com quem eu vou me casar". A informação passa imediatamente às manchetes e circula pela mídia em um piscar de olhos. Consternada, furiosa mesmo, Marilyn sabe pelo rádio que vai se tornar mrs. Arthur Miller sem que ele tenha formalmente lhe feito o pedido. Como se seu consentimento fosse evidente. Foi pega de surpresa. De mais a mais, depois daquele confronto matinal, ela precisa se recompor com a imprensa. Às pressas, pede socorro aos assessores habituais e convoca os jornalistas à tarde para uma pequena coletiva na porta de casa. Dessa vez remodelada e preparada para o jogo, uma Marilyn toda sorrisos, cheia de segurança e jovialidade, confirma para uma plateia de repórteres a iminência de seu casamento com Arthur Miller. Durante esse tempo, a Comissão dá ao dramaturgo um ultimato de dez dias.

O anúncio oficial da união da bomba sexual e do intelectual engajado alimenta a crônica internacional. Enviados especiais chegam de toda parte. Para dar uma aparência de paz, Miller compreende rapidamente as regras: dar de tempos em tempos uma entrevista e concordar com algumas fotos. No dia 29 de junho, cerca de sessenta jornalistas são, pois, "convidados" a ir à casa de Miller em Connecticut. Enquanto o casal almoça em segredo não longe do local, na verdade são mais de quatrocentos que desembarcam na propriedade familiar. No começo da tarde, ao seguir de perto a atriz e o escritor, uma correspondente de *Paris Match* foi morta por um automóvel. Seu sangue espirrou no suéter amarelo de Marilyn que, alguns minutos depois, com grande reforço de sedativos, teve de enfrentar a imprensa. "Mau presságio", cochicha Paula Strasberg. Nessa mesma noite, Miller e ela são casados por um juiz. O ultimato da Comissão expira no dia seguinte, e o escritor não cede. A aura mundial de que se beneficia graças a seu casamento com Marilyn Monroe trabalha inegavelmente a seu favor. Embora condenado por ultraje à magistratura, Miller paradoxalmente obtém seu passaporte (decisão absurda que, dizem, pode ter sido influenciada pela intervenção discreta do senador Kennedy).

No dia 1º de julho de 1956, Marilyn, de vestido branco e chapéu com véu, recentemente convertida ao judaísmo após uma sessão de duas horas com um rabino reformista, fecha-se no primeiro andar da casa alugada para a cerimônia religiosa. Em torno dela, os Greene, os Strasberg. Embaixo, alguns convidados escolhidos a dedo aguardam a recém-casada e ignoram todo o drama que se desenrola acima de suas cabeças: Marilyn Monroe não quer mais se casar com Arthur Miller.*

Terror súbito de decepcionar, de se decepcionar, de não estar à altura, de ser dominada por seus demônios, incapaz de se manter fiel ao corpo de um único homem. Consciente de ser manipulada, de não controlar mais nada. Incapacidade de construir. Sentimento, talvez, de que a corrida que empreende contra o abismo e o tempo não esteja mais muito longe de seu termo. E de que, se fracassar mais uma vez com um ser no qual coloca todas as suas esperanças, a quem pede o impossível, de quem espera tudo, espera demais, ela provavelmente morrerá. Marilyn tem medo do monstro que existe dentro dela.

– Se você não quer mais se casar, não se case – diz Milton Greene. – Eu trato de tudo.

Mas o apelo da família é mais forte. Com Arthur, Marilyn também encontrou uma mãe, Augusta, e sobretudo um pai, Isidore, todos os dois com mais de setenta anos. Ela sentiu por eles imediatamente uma imensa afeição.

– Vocês me permitem chamá-los de papai e mamãe? É a primeira vez que posso falar papai e mamãe.

Então Marilyn Monroe desce, no seu terceiro ou quarto vestido branco de triste vestal, sob os olhos fascinados dos filhos e dos pais de Miller. E diz sim a todos. À esperança. Nas alianças que os recém-casados trocam, eles mandaram gravar estas três palavras: "Hoje para sempre".

---

* Na peça *Depois da queda*, Arthur Miller encenou em 1964 sua história com Marilyn, inclusive o relato de seu casamento e as dúvidas da noiva no último minuto.

Mrs. Miller

No dia 13 de julho de 1956, o mais célebre casal do mundo chega à Inglaterra, onde é acolhido com todas as honras e inevitável alvoroço por sir Laurence Olivier, Vivien Leigh e centenas de jornalistas saídos por uma vez de sua fleuma lendária. Os recém-casados vão se esconder em um castelo suntuoso, em Parkside House, propriedade de cinco hectares vizinha à da rainha, cercada de muros altos, que dispõe de uma boa dúzia de quartos e de uma meia dúzia de empregados. Em 24 de julho, uma recepção luxuosa, com tudo que a Inglaterra conta em matéria de títulos e celebridades, é organizada para desejar-lhes boas-vindas. A imprensa britânica tenta seguir de perto os pombinhos, enquanto em toda parte se vende o famoso calendário escandaloso, além de suvenires. Ainda não inteiramente habituado a ser um fenômeno de feira, pouco à vontade naquele luxo que se choca com suas convicções políticas, perturbado pela histeria suscitada por sua mulher, Miller encrespa-se e se fecha mais, justamente quando Marilyn, esmagada pelo complexo de inferioridade, pede-lhe socorro. Um muro de incompreensão começa a se erguer lentamente entre eles. Desencorajada pela frieza aparente do marido, às voltas com a insônia que a corrói, apavorada ante a ideia de enfrentar a câmera, Marilyn se refugia cada vez mais no álcool e nos remédios, procura um abrigo junto de quem consiga acalmá-la. Ela não veio sozinha da América. Paula Strasberg, Milton Greene e uma amiga nova-iorquina de gosto excessivamente pronunciado pela garrafa, Hedda Rosten, brigam por sua companhia.

Quando, no final de julho, a filmagem começa, Marilyn Monroe é uma espécie de monumento semiarruinado do qual só resta a fachada, mantendo-se de pé por milagre. O carro que vem buscá-la todas as manhãs às sete horas leva dentro dele, depois de algumas horas de espera, a maior parte das vezes, uma criatura esgotada que não dormiu à noite, que treme de medo, que receia o julgamento que farão de seu desempenho e que se debate contra as pulsões contraditórias que a percorrem. Joshua Logan tomou a liberdade de escrever alguns conselhos a Laurence Olivier: mostrar-se de uma paciência infinita com Marilyn; não tratá-la de modo brusco; não lhe impor uma maneira de interpretar, mas deixá-la encontrar sozinha (mesmo que demore); e tratar de afastar ao máximo a "baronesa negra". O resultado vale a pena, ele esclareceu, Marilyn é uma atriz extraordinária e única na tela. Aliás, no começo de agosto, toda a imprensa internacional saudou a performance dela em *Bus Stop*. Mesmo os críticos que até então a tinham desprezado intensamente agora estão humildes ao se referirem a ela. Seu valor foi finalmente reconhecido. Cogita-se seu nome para as próximas indicações ao Oscar.*

Mas sir Laurence, que já tem problemas suficientes em casa com a mulher**, não demonstra nenhuma compreensão em relação à sua parceira. Ao contrário: multiplica as inabilidades, apresenta Marilyn a todos os técnicos com uma condescendência que não escapa à interessada:

– Miss Monroe, adorável criaturinha chegada de Hollywood e que não tem o hábito de trabalhar como nós.

Depois, irritado com seus atrasos enormes, o diretor termina soltando um dia:

– Tudo que pedem a você, Marilyn, é que seja sexy.

Ele, que tinha imaginado ter uma aventura picante nos braços do símbolo sexual, talvez se sinta ferido pela pouca impressão que lhe causa. É provável que interprete a atitude dela como uma falta de respeito à sua autoridade, não percebendo que, no primeiro momento, Marilyn está paralisada pela timidez de trabalhar com um dos maiores atores shakespearianos. O que ele toma por vulgaridade americana é, na realidade, uma humildade doentia. Marilyn é totalmente desprovida de vaidade. Ela se esforça o máximo possível para não desmoronar e para se mostrar uma boa atriz. O "Seja sexy" que lhe dirige

---

* Marilyn não chegará a ser indicada.

** Vivien Leigh sofre de depressão nervosa.

Laurence Olivier a aniquila. A partir daí, não dirige mais a palavra a ele. Às instruções do mestre, ela responde sistematicamente com uma pergunta feita a Paula Strasberg:

– O que é que ele está dizendo?

Às vezes abandona o set bem no meio de uma tomada, deixando os outros atores esperarem durante horas, ou então não aparece mais e mergulha em estado de alheamento. Laurence Olivier fulmina de raiva e desconta seu nervosismo em Milton Greene, cuja tarefa espinhosa consiste em não receber dinheiro como produtor por se manter do lado de Marilyn. Miller, extremamente incomodado pela situação, contrariado pela presença de Paula, passa dias seguidos andando em círculos sem conseguir escrever uma linha, extenuado por noites sem sono, perguntando-se como sair o mais rápido possível desse pesadelo. A dúvida o invade. No seu caderno de notas, ele se pergunta: e se sir Laurence não estiver inteiramente errado quando clama que aquela que Miller tomou por um anjo é no fundo uma maluca que só cria problemas? A sentença é implacável: "A única que eu sempre amei é minha filha".*

Marilyn descobre o caderno de notas.

A confissão de Arthur Miller acaba de destruí-la. O monumento desaba irreversivelmente. Diante da iminência do desastre, Paula chama Anna Freud, solicita algumas sessões e pede ajuda ao marido, que desembarca imediatamente de Nova York na companhia da psicanalista de Marilyn.

– Minha querida, você é a mulher mais extraordinária, a criatura mais incomparável de toda sua época, e mesmo de todos os tempos; eu não vejo de verdade o que poderia ultrapassá-la, não, nem mesmo Jesus, você é ainda mais popular do que ele – repete incansavelmente Paula à atriz diante de um Laurence Olivier que não acredita nos próprios ouvidos.[1]

Embalada por todas essas exaltações, Marilyn consegue mais ou menos se recompor e terminar o filme. No último dia, com sua vozinha trêmula, ela pede perdão a toda a equipe por "ter sido tão desagradável".

---

* Essa cena aparece em *Depois da queda*.

Contudo, mais uma vez, o milagre se consumou. Na película, Monroe está mais sublime do que nunca com seus cabelos de um louro natural puxando para o vermelho, comovedora, esmagando completamente Laurence Olivier, (forçado a admitir) que parece o oposto, com seu monóculo e seu modo condescendente de falar, crispado, enrugado, rígido e glacial. Marilyn, com seus grandes olhos azuis implorando amor, adoravelmente curvilínea no seu vestido branco, com sua barriguinha e as nádegas arredondadas, invade a tela de uma ponta a outra do filme e, como de hábito, impregna seu papel de uma humanidade transbordante. Espontânea, radiosa (o anúncio do filme no cinema, de resto, não faz por menos: "Marilyn Monroe no seu papel mais feliz"), a atriz consegue fazer sobressair essa mistura de sensualidade e inocência que lhe é tão característica. Baseado numa intriga bastante fraca (um príncipe estrangeiro tomba sob os encantos de uma dançarina americana de cabaré em Londres), *O príncipe encantado* é uma comédia sentimental água com açúcar, pontilhada de chavões e arrastadíssima. Só a presença luminosa e irresistível de Marilyn, cujo sinalzinho desceu para o queixo, ainda justifica que se preste alguma atenção.* Contudo, o papel de Elsie Marina não é muito consistente e remete a atriz às personagens de grande coração, de origem modesta, ingênuas, das quais ela gostaria de escapar mas que lhe asseguram os favores do público. Aos olhos dos espectadores, Marilyn continua sendo a eterna órfã.

Na tela como em recepções oficiais, ou ainda diante da rainha Elisabeth II, a quem ela é apresentada, Marilyn – sir Laurence não pode negar – é provavelmente a melhor atriz do mundo, conseguindo fingir um apetite pela vida, uma alegria e uma euforia, uma ingenuidade que todos acreditam

---

* Notam-se algumas piscadelas de olho pessoais à lenda Monroe: na sua primeira cena, Marilyn está atrasada, o que faz a gerente do Coconut Girl dizer: "Quando é que essa menina vai chegar na hora?" Um instante depois, no momento em que ela é apresentada a Laurence Olivier, a alça do seu vestido arrebenta.

ser espontâneos, quando nela, na verdade, não ressoam mais senão o eco de coisas quebradas.

Em outubro de 1956, Marilyn Monroe e Arthur Miller estão de volta aos Estados Unidos, agarrados um ao outro como a um aparelho de respiração. A atriz decidiu não trabalhar durante alguns meses a fim de poupar-se da provação de pesadelo de uma nova filmagem e fazer todos os esforços possíveis para salvar seu casamento abalado pela estadia londrina.* Com os pais de Miller, ela aprende a cozinhar especialidades judaicas. Em Long Island, no vilarejo de Amagansett onde Arthur e ela alugaram uma casa com jardim, ela o acompanha à pesca. Marilyn, por ora, está obcecada por uma ideia fixa: ter um filho. Está com trinta anos, e no seu corpo que faz o planeta inteiro fantasiar, seu corpo maltratado, manipulado, muitas vezes violentado e acariciado, seu corpo indiferente e frígido, ela gostaria de ouvir, talvez pela primeira vez, a vida. Arthur está contente e aprova a decisão da mulher. Livres de toda a camarilha que gravita em torno dela habitualmente, os dois, sozinhos (ou quase), talvez consigam viver como gente normal. Ele espera também recuperar a veia criativa grandemente esgotada durante os últimos meses. Em Londres, ele escreveu somente uma pequena novela, *The Misfits* (*Os desajustados*), inspirada na sua residência forçada em Reno, em Nevada, no meio de postulantes de divórcio e velhos caubóis insolentes.

Divididos entre Amagansett e um novo apartamento nova-iorquino na Rua 57, Marilyn e Miller tentam morar juntos. Enquanto ele tenta escrever, mrs. Miller faz compras na vila de pescadores ou então, sob a peruca negra de Zelda Zonk, vagueia por Manhattan, frequenta museus, visita bairros pobres, dá de comer aos pombos e aos peixes. Precisa ficar se mexendo sem parar, deslocando-se de um lugar para o outro, povoando seus dias e suas noites com movimentos

* Sammy Davis Jr. chegou a afirmar que, durante a filmagem de *O príncipe encantado*, Marilyn teria tido um caso com um de seus amigos, com quem ela se encontrava em certa casa à noite.

vitais. Em fuga, sempre. Em casa, Marilyn passa o aspirador, lava a louça e se esforça para preparar pratinhos. Uma volta aos anos Dougherty, às fantasias DiMaggio. Tudo o que ela nunca quis ser, tudo o que ela nunca foi. Mas não é esta a única maneira de ouvir seu coração bater? Como não vergar sob tais paradoxos? Marilyn se deixa levar e engorda a olhos vistos. Testemunhas a dizem inchada. Mas sua barriga continua lisa e seu corpo afunda nas profundezas da insônia e da tristeza. À noite, Miller é obrigado a segurar a mão dela e a tranquilizá-la. Às vezes, ela só dorme de madrugada, culpada por impedir o dramaturgo de trabalhar. No começo de 1957, ela dá entrada no Manhattan's Doctors Hospital. Oficialmente, para realizar exames ginecológicos. Na realidade, por causa de uma depressão nervosa. Na sua cabeceira, Arthur a cerca de uma afeição paternal. De novo nos eixos, ela muda de psicanalista, agarra-se aos galhos baixos de seu cotidiano, tranquiliza-se como Marilyn Monroe nas raras aparições públicas para campanhas publicitárias ou em inaugurações de monumentos, sempre com um atraso impressionante, e esconde do marido as lágrimas. Embora a Fox a tivesse proibido de fazê-lo e a tivesse até ameaçado de sanções, ela acompanha o marido durante sua nova convocação em Washington.

– Eu me orgulho das posições de meu marido e o apoiarei até o fim – anuncia com firmeza à imprensa.[2]

Orgulhosa e vampirizada ao mesmo tempo, assustada com os longos silêncios de Miller, que ela não compreende e toma por uma condenação a seu respeito, frieza que só pode ser desprezo. No mês precedente, depois que examinou a montagem final de *O príncipe encantado*, assustadoramente decepcionada, ela encerrou, aconselhada por Arthur, sua associação com Milton Greene, substituído na mesma hora por um conhecido do dramaturgo. De agora em diante é Miller que lê os roteiros destinados à mulher, é ele que escolhe, que se impõe como roteirista. É ele também, no momento, que deve lhe fornecer os remédios e outras substâncias paliativas necessárias ao seu desespero. É ele também que a impede um dia de pular pela janela do apartamento.[3]

Em junho, a estreia do filme de Laurence Olivier, na qual se exibe uma Marilyn radiosa de braço dado com Miller, não convence a crítica que, contudo, poupa a atriz e saúda sua performance. Uma vez mais, entretanto, ela não é indicada para o Oscar e não obtém senão prêmios menores. Como se o mundo do cinema quisesse lhe mostrar que jamais a aceitaria. A despeito de seus esforços para esquecer o passado, a sombra da loura a alcança sempre, recusando-lhe a respeitabilidade que tanto procura.

Durante o verão, ela percebe que está grávida. Mistura de alegria suprema e angústia opressiva. Memória, bloqueio de um corpo sufocado e violado que foi forçado a não crescer. No dia 1º de agosto, Miller a ouve berrar de dor e a encontra quase sem sentidos no jardim de Amagansett. Marilyn está em vias de perder o bebê. A ambulância leva três horas para conduzi-la ao hospital. Com a mão de Miller na sua, Marilyn, esmagada por sofrimentos abomináveis, ouve a morte ganhar terreno. Aos jornalistas que a vigiam na saída do hospital alguns dias mais tarde, ela sorri bravamente. Mas ela não reaparecerá em público até o final do ano.

Ela passa a convalescença no campo. Graças ao dinheiro dela, Miller comprou uma velha fazenda em Roxbury que eles encheram de animais variados. Acreditando agradar à mulher, que ele cerca de uma proteção exclusiva, o escritor transformou para ela seu romance *Os desajustados* em roteiro de cinema. Enriqueceu consideravelmente o papel de Roslyn, que ele oferece a Marilyn. Como prova de amor, segundo ele, pois alega não gostar da escrita de roteiros que prostitui sua arte; por dinheiro, ela o acusa em surdina. De todo modo, ela não gosta nem da intriga nem da personagem destruída pela vida, maníaco-depressiva, próxima demais dela, calcada nela. Arthur se serve de sua vida privada. Ele não estaria também se aproveitando dela? O que ela deve fazer? Tentar outra vez ter um bebê? Fazer um filme? Em Roxbury, enquanto Miller trabalha o melhor que pode, ela se entedia até a morte, salvo quando os filhos de Arthur estão lá e ela pode brincar com eles como uma garota. Mas, finalmente, cansada de brincar de boa dona de casa, Marilyn volta para Nova York. Seus dias escoam entre visitas a diferentes médicos, aulas no Actors Studio e inumeráveis telefonemas para os quatro cantos dos Estados Unidos. Entre seus fiéis interlocutores, sempre disponível e tranquilizador, está o eterno Joe DiMaggio.

A existência da fervilhante Marilyn Monroe é, no nível privado, de uma melancolia dolorosa. Os jantares silenciosos em *tête-à-tête* com Miller são um suplício para ela. Marilyn se entope de cápsulas, que tem o hábito de regar com álcool e de furar para o efeito ser mais rápido. Até a intoxicação. É o marido que a salva uma noite no último momento. Emergência. Lavagem de estômago. Ela precisa sair dessa armadilha. Precisa filmar, repete-lhe Miller. Tanto mais, ele acrescenta, que seus recursos estão se esgotando. O divórcio, a pensão alimentar que ele dá à ex-mulher e o processo praticamente o arruinaram. Ele não escreve nada há muito tempo (implicitamente: por causa dela). Ambos vivem dos cachês de Marilyn. Um novo filme seria bem-vindo.

Pequena galinha dos ovos de ouro, já está mais do que na hora de você botar.

Mas *Os desajustados* não, Marilyn não quer de jeito nenhum, mesmo que Huston possa dirigir o filme, como lhe garantiu o marido. A insistência de Miller a exaspera. O desespero de Roslyn lhe mete medo. Então, entre todas as personagens de loura burra propostas pelos roteiros todos os dias na sua caixa de correio, ela termina cedendo às injunções de Arthur e aceita, ferida, furiosa, humilhada, a de Sugar em *Some Like it Hot* (*Quanto mais quente melhor*), a próxima comédia de Billy Wilder. Oferecem-lhe um milhão de dólares.

O papel mais idiota de toda sua carreira, suspira ela.

*I'm through with love, I'll never fall again**

Quanto mais quente melhor é provavelmente o mais célebre filme de Marilyn Monroe, e a doce Sugar Kane, sua mais notável atuação. Mas, na primavera de 1958, a atriz não o considera dessa maneira. Uma cantora sem voz, que toca uquelele, com uma ligeira inclinação pela bebida e por milionários, simplória a ponto de fazer amizade com dois músicos sem reparar que, na verdade, eles são travestis – é assim que a veem em Hollywood? A loura está de volta, pois Sugar será diáfana e oxigenada ao extremo. E o respeito que seu casamento com o intelectual deveria lhe proporcionar? Sente raiva dele. Aumenta seu rancor contra ele. Teria se casado com ela por pura vaidade? Ou por interesse? Sua confiança se desfez uma noite em Londres. Ela não vai voltar. Além do mais, depois de um ano e meio de ausência dos sets, como superar a angústia da câmera, o terror de não ser perfeita, de não ser mais do que a própria caricatura? Como, sem um arsenal médico de primeira ordem e o recurso abusivo ao "Método" Strasberg? Sem falar da convivência com Wilder, que ela sabe ser tirânico e rígido. "Eles vão me matar", diz para si Marilyn nas suas crises de paranoia, "eles todos vão me matar, assim que tiverem sugado minha aflição até a última gota e perceberem que eu não dou mais dinheiro."

Por insistência de Arthur Miller, Billy Wilder em pessoa, acompanhado dos dois atores que devem compartilhar o cartaz do filme com Monroe, Tony Curtis e Jack Lemmon, faz a viagem até Nova York a fim de tranquilizá-la. Diante da força do número, ela se resigna, começa um regime e se prepara obedientemente para o calvário que a aguarda durante

* *Não quero mais saber de amor, nunca mais caio nessa*, música de Matty Malneck, Gus Kahn e Jerry Livingston cantada por Marilyn em *Quanto mais quente melhor*.

o verão (a filmagem está prevista para Los Angeles entre 4 de agosto e 17 de setembro). Ao lado de Lee Strasberg, ela parte em busca de Sugar Kane. Antes de encarná-la na tela precisa encontrar sua verdade, captar todas as sutilezas e os paradoxos que compõem a personagem. Sem se esquecer de fazer jorrar a delicada mistura de candor cômico e volúpia que vai ser toda a sua força.

Em 8 de julho de 1958, Marilyn está de volta em Hollywood, deslumbrante na sua beleza branca, fiel à sua imagem, maliciosa, irresistível. Precisou de mais de duas horas para sair do avião. Em um jantar organizado em sua homenagem, ela chega no momento em que os convidados começam a ir embora. O terror de enfrentar a multidão e o olhar do outro a paralisam e a encerram num ciclo infernal de culpa, autodepreciação e autopunição. A cada vez, é ao preço de uma violência inaudita que consegue emergir. Marilyn passa quase o tempo todo trancada dentro de casa, uma casa sempre provisória (uma suíte de hotel), onde circula nua, sem artifícios, sempre acompanhada da indispensável Paula. De Amagansett, Arthur Miller, que a justiça condenou num primeiro momento depois finalmente livrou de qualquer acusação, escreve cartas de amor. "Você é minha mulher ideal, sabe disso, não?"[1] É justamente o problema. A milhares de quilômetros, Marilyn Monroe não é para o dramaturgo senão uma fantasia. Como antes. Como durante todos aqueles anos em que sonhava com ela em segredo com delícia e remorso. Ele se casou com a mulher mais bonita do mundo. Todos os dias precisa se beliscar para ter certeza de que é verdade. Mas ela, ela clama que é apenas uma mulher, com os desejos naturais de uma mulher. Ela ficou feliz de repente, pois descobriu que está de novo grávida. Dessa vez vai levar a gravidez até o fim, ela pressente, ela quer tanto. É o mais importante. Para o filme, está pouco ligando. (Ainda por cima um filme em preto e branco por razões de maquiagem, totalmente contra a vontade dela.) Está quase decidida a cancelar tudo para só pensar no bebê e não correr nenhum risco. "Mas não, de jeito nenhum", intervém Miller. São apenas 45 dias. No meio de setembro tudo estará terminado e ela poderá descansar.

Marilyn obedece.

Da filmagem de *Quanto mais quente melhor*, a história reteve essencialmente os atrasos assustadores de Marilyn (até nove horas), sua incapacidade de decorar quatro pequenas palavras (a famosa réplica "*Where's that Bourbon?*"), tomadas que chegaram a ser refeitas mais de cinquenta vezes sob o controle de Paula Strasberg, a raiva de Wilder obrigado a esticar o tempo entre duas claquetes por causa das dores nas costas causadas pelo stress, a frase de Tony Curtis ("Na quadragésima vez, beijar Monroe é como beijar Hitler"), um orçamento que explode. Copiosamente alimentada pelas indiscrições dos jornalistas que colhem aqui e ali as confidências irritadas de uns e outros e as divulgam ao público, a lenda negra de Monroe dessa vez ultrapassou um ponto sem retorno. Ninguém compreende. Wilder acha que a atitude dela é uma vingança contra a Fox. Nos corredores de Hollywood, começa-se a murmurar que ela é louca, como a mãe. Arthur Miller, que vem visitá-la em setembro, dá meia-volta rapidamente. Não é uma filmagem, é um campo de batalha. Marilyn no meio, e aquela feiticeira negra, Paula, como inquisidora. Pior do que em Londres. E no entanto, Miller viu nos *rushes*, o resultado é dez vezes superior. Ainda que, como de hábito, ela tenha a impressão dolorosa de bancar a marionete, Marilyn está maravilhosa, pura como uma criança, sensual como uma deusa. Somente sua obstinação em interpretar Sugar Kane como entende, injetando-lhe suficientemente riso e tristeza, virgindade, autodesvalorização e ilusões perdidas a faz enfrentar Wilder. Somente sua busca de precisão a obriga a refazer dezenas de vezes a mesma cena. Lemmon e Curtis discutem, se divertem, brincam e, um instante depois, entram em cena. Ela não. Ela não consegue interpretar enquanto não tiver penetrado na alma e na pele de sua personagem, bem além da descrição feita pelo roteiro. E é preciso recomeçar a cada vez, o que pode durar horas. Horas para recuperar a confiança, consumar a transmutação perfeita, descolorir ainda mais os cabelos já clareados de Marilyn Monroe, passar através dela, cobrir-se com seus ornamentos e ir buscar tudo no fundo de seus velhos sonhos de órfã, lá onde ainda resta uma pequena parte de humanidade.

Começo de novembro de 1958, pronto, acabou. Dezoito dias de filmagem e centenas de milhares de dólares de estouro no orçamento. Wilder está tão furioso com Marilyn que não a convida para a festa de despedida da equipe e diz cobras e lagartos a respeito dela na imprensa. Graças à proeza sensível e inteligente da atriz, o filme evita, contudo, habilmente a armadilha da caricatura bufona. Nenhuma outra teria interpretado aquela personagem de loura peituda sem mergulhar de cabeça baixa no clichê. *Quanto mais quente melhor* vai ser um dos maiores sucessos do cinema americano e uma obra *cult*. Mas Wilder saiu esgotado da filmagem, não perdoa Monroe por tê-lo feito adoecer, tampouco por ela nunca ter respeitado sua autonomia. Acusa-a de não ser profissional e ser responsável pelos próprios problemas de saúde. A coitada, esgotada e mais do que nunca vulnerável, dá entrada num hospital para tratamento e repouso. Uma semana mais tarde, volta para Nova York com o bebê crescendo dentro dela e que ela deseja mais do que tudo. Quer esquecer o resto, não pensar mais senão nesse futuro radioso, nesse renascimento que se delineia. No dia 17 de dezembro, contudo, grávida de cinco meses, Marilyn desmaia em cima de um mar de sangue e aborta. Seu sofrimento se transforma em cólera contra Miller, que a obrigou a fazer aquele filme extenuante. Seu desespero não conhece mais limites. E Wilder insultando-a lá longe, na Califórnia, e ele, seu marido, que não diz nada!

O escritor pega a caneta e voa em socorro da honra da mulher, replicando a Wilder através de telegramas.

"Agora que o senhor está seguro do sucesso de seu filme, sucesso para o qual ela tanto contribuiu, seus ataques são indignos. O senhor é um homem injusto e cruel. Meu único consolo é que, com tudo isso, a beleza e a humanidade dela resplandecem como sempre."[2]

Dentro do apartamento, Marilyn passa do abatimento comatoso à histeria. Arranca os cabelos, joga objetos na cabeça de Arthur que, não aguentando mais, foge para Roxbury. Nessa mesma noite ela engole dois tubos de soníferos. É a empregada, dessa vez, que a salva por um triz.

Continuar a viver é preciso.

Marilyn retoma o sombrio caminho do divã e do Actors Studio. Às vezes se resigna a sair como Marilyn. Sabe agora que não vai mais se livrar dela. Está sozinha, mais do que nunca. Arthur está no campo quase todo o tempo. Suas andanças morenas através de Manhattan recomeçam. À noite, ela frequenta poetas e escritores (Carson McCullers, Carl Sandburg ou Norman Rosten), assiste em março de 1959, bela e sorridente de morrer, nos braços de Arthur (dar a impressão de que o navio continua flutuando), à estreia triunfal de *Quanto mais quente melhor*. Os atores são ovacionados. Alguns críticos veem em Monroe a melhor comediante dos Estados Unidos. Tão logo entra em exibição, o filme bate recordes de público. A platéia ri do começo ao fim das palhaçadas do excelente Jack Lemmon, extasia-se diante da graça de Marilyn, repete em coro *I Want to be Loved by You*, sente a garganta apertar quando ouve a vozinha triste cantando *I'm Through with Love*.

Pois ela não quer mais saber de amor. Da vida. Marilyn se sente aspirada para o fundo. Abandona-se irremediavelmente ao apelo do monstro encolhido dentro dela.

Meu coração é do papai

Arthur Miller terminou encontrando o argumento definitivo. Para a adaptação cinematográfica de *Os desajustados*, ele oferece à mulher um parceiro inestimável aos olhos dela: Clark Gable. Difícil para ela lutar contra uma arma assim. Gable, o sedutor elegante e brutal vindo de lugar nenhum, o homem dos cinco casamentos, cujo amor louco e trágico por Carole Lombard fez a América inteira chorar, aquele que segurou nos braços as mais belas e as maiores atrizes do mundo, Harlow, Crawford, Loy, Gardner, Turner, um dos atores que Marilyn mais admira, eminentemente respeitado e, sobretudo, o pai de seus delírios órfãos, aquele que ela via às escondidas nos seus sonhos de menininha abandonada para se sentir invencível e não ter mais medo do escuro. Pai fantasiado e amante na tela. Marilyn cede, evidentemente. Miller só precisa lhe assestar um golpe de misericórdia com um casting secundário bem escolhido: seu velho amigo Montgomery Clift e Eli Wallach, um veterano do Actors Studio, excelente ator, íntimo de Arthur e dela. Tudo talhado sob medida, mas também muito pesado. Pois nesse ano de 1959, Gable está ficando velho e fora de forma, Monty Clift é alcoólatra no último grau. Além disso, Huston prevê filmar no deserto de Phoenix sob 55 graus à sombra. Um desafio. Mesmo assim Marilyn aceita. De fato, ela tem escolha? Arthur Miller embolsa a bagatela de 250 mil dólares da empresa Marilyn Monroe. O trabalho de pré-produção começa em julho.

Na mesma ocasião a Fox lembra a Marilyn que, em virtude de seu contrato assinado em 1956, ela ainda lhe deve um filme. Verdade, reconhece a atriz, que aproveita o pretexto para adiar *Os desajustados* e fazer de conta que está interessada em novas propostas. *Breakfast at Tiffany's* (*Bonequinha de luxo*), escrito por seu amigo Truman Capote, que Blake Edwards se prepara para dirigir, tenta-a bastante mesmo que o argumento não passe de uma longa reedição de tudo o que já foi feito. Mas Jerry Wald, o novo chefão da 20th Century Fox, insiste para que ela aceite *Let's Make Love* (*Adorável pecadora*), uma comédia musical que porá na tela George Cukor contracenando com Gregory Peck. "Por que não?", responde Marilyn. Na realidade, ela nem leu o roteiro. Mesmo assim, já sabe que provavelmente fará o papel de uma moça pobre, bonita e ingênua, dotada de uma alma generosa e de formas graciosas que serão exibidas de uma ponta a outra do filme em todos os trajes, inclusive colantes. Mas Arthur Miller, por sua vez, lê o texto de Norman Krasna e declara que é preciso reescrever tudo: Marilyn tem muito poucas cenas, a verdadeira vedete é Gregory Peck. Para tanto, ele oferece seus serviços. E enquanto a Fox assina um contrato com Miller, Marilyn se submete em agosto a uma operação cirúrgica destinada a lhe permitir engravidar com sucesso (como se seus problemas de gravidez fossem de ordem fisiológica).

Bastante feliz por estar de volta à estrada e se afastar de Miller, ela retorna a Hollywood em setembro para preparar *Adorável pecadora*, no qual precisará, entre outras coisas, dançar e cantar. Nessa ocasião, Marilyn responde a Nikita Khrushhev, a quem foi apresentada e que lhe lançou um cumprimento galante:

– Meu marido, Arthur Miller, me encarregou de lhe transmitir seu apreço. Este tipo de coisa deveria acontecer com mais frequência. Ajudaria na compreensão mútua entre nossos dois países.

A declaração na mesma hora dá a volta ao mundo. Quando Monroe aparece em público alguns dias mais tarde, os jornalistas que a espreitam como sempre a aclamam e aplaudem freneticamente.

Ela volta logo em seguida para Nova York. No entretempo, Gregory Peck desistiu. O roteiro inteiramente reescrito por Miller para a mulher não lhe deixara senão um papel de coadjuvante. Pensando bem, prefere abandonar a aventura e, haja vista a assustadora reputação da atriz, preservar sua saúde mental. O papel de milionário que se encanta pela bela e cândida Amanda encontra-se, portanto, vago. Na Broadway, Marilyn e Miller assistem ao recital dado por um francês que vai de vento em popa: o sedutor Yves Montand, dublê de cantor e ator. Simone Signoret e ele trabalharam na produção francesa de *As bruxas de Salem*. Há quem o compare a Maurice Chevalier. Embora praticamente não fale sequer uma palavra de inglês, ele seria perfeito para o filme. Arthur Miller reajustará a intriga em torno desse elemento novo: a nacionalidade francesa do milionário. A Fox dá seu consentimento. Os Miller e os Montand simpatizam uns com os outros.

Nessa época, o casamento da mais célebre falsa loura da terra e do intelectual nova-iorquino está vencido. Os dois sabem disso perfeitamente, mesmo que ainda não o formulem. No seu mundo de paranoia e rompimentos, Marilyn acha que foi traída pelo marido. Ela não o suporta mais, suspeita que ele sente atração por outras mulheres, acusa-o de todos os males, ataca-o, tiraniza-o, humilha-o e insulta-o agora em público. Quanto a ele, calcula o balanço de um erro e o fim de um sonho, avalia sua impotência para salvar Marilyn de si mesma. Ele a vê se afastar, com resignação e talvez com alívio. Ao mesmo tempo, Miller não ignora, deixá-la é matá-la. Então eles fingem mais um pouco, tentam ganhar tempo. Nesse fim de 1959, Marilyn voa regularmente para a Costa Oeste sob pretexto de ensaios. Alguns biógrafos afirmam que a atriz tem amantes, particularmente o senador John Kennedy com quem ela se encontraria em Nova York, agora no Ambassador Hotel, e cuja campanha eleitoral ela apoia publicamente.* Seja como for, em janeiro de 1960, os Miller e os Montand, reunidos em Los Angeles, acampam em chalés contíguos no Beverly Hills Hotel.

Esplendorosa diante das objetivas dos jornalistas, Marilyn sussurra e olha com admiração para Simone Signoret, grande dama que acaba de ser indicada para Oscars ao passo que ela, mais uma vez, sequer teve o direito de concorrer.

---

* Don Wolfe, que defende a tese de uma ligação contínua entre Kennedy e Marilyn desde o começo dos anos 1950, afirma que ela dava como certo que ele iria se divorciar de Jackie para se casar com ela.

Apresenta seu sorriso e seu humor Monroe, mas por dentro está tudo em mil pedaços. Mal chega a Hollywood, tem uma depressão nervosa.* Sua psicanalista nova-iorquina a põe então em contato com um de seus colegas. O dr. Ralph Greenson, marxista freudiano que conta com uma pletora de estrelas na sua clientela, acaba de dar entrada na vida de Marilyn Monroe. Com 49 anos, é um homem de bela estatura, cabelo grisalho e bigode elegante, pai de família exemplar, que mora em uma casa de estilo colonial no exclusivo bairro de Brentwood. Marilyn imediatamente confia nele e começa a frequentar seu consultório. Quando, muitas vezes, se sente incapaz de se levantar, de superar a depressão que a derruba, ela pede ajuda a Greenson. O doutor desembarca na mesma hora, e a consulta se dá no próprio quarto de Marilyn. Assim, a atriz adota o hábito de telefonar para Greenson a qualquer hora do dia, e, bem depressa, da noite. Bem depressa, passa a ocupar um lugar de predileção na vida do doutor, que a apresenta à mulher, aos dois filhos e a recebe em casa a despeito de toda a deontologia médica. Mas Marilyn, ele argumentará diante de seus numerosos detratores, não é uma paciente com as outras. Certamente não. Para um homem de ciência, Monroe é um belo caso. Para um homem, venal, também, é preciso que se diga.

Paradoxalmente, a filmagem de *Adorável pecadora* sucede melhor do que de costume. É claro que Monroe é fiel à sua lenda (atrasos, incapacidade de decorar um texto, Paula Strasberg de diretora suplente), mas, no conjunto, bem menos do que nos filmes anteriores. Os técnicos do set, assim como os outros atores, ficam impressionados com seu profissionalismo. Yves Montand tem algo a ver com isso. Marilyn admira-o como ator e aprecia o homem que lhe lembra fisicamente Miller, sendo melhor e sobretudo mais jovial. Gosta de suas origens modestas que o aproximam dela, do seu toquezinho irresistível de exotismo. Seu humor não a deixa indiferente, tanto quanto seu sentido de autodepreciação. Em *Adorável*

* Que Don Wolfe liga ao anúncio oficial da candidatura de JFK à presidência (candidato, JFK não poderia mais se divorciar).

pecadora, o papel de Montand é ridículo do começo ao fim. O casal que ele forma com Simone Signoret lhe parece exemplar. Signoret é uma mulher respeitada como atriz e como esposa. Um modelo para a mal-amada que se projeta na sua posição. Como ela seria feliz, acredita, com um homem como aquele, mistura de DiMaggio e Miller. Como ele saberia protegê-la. Diante de George Cukor, que ela acha mau diretor, Marilyn faz o jogo da cumplicidade junto de Montand. À espera de uma aprovação, pela primeira vez, ela se volta com mais frequência na direção dele do que na de Paula. Ele a tranquiliza. Os dois atores ensaiam cada vez mais juntos. Ela o ajuda a trabalhar a pronúncia em inglês, ele lhe ensina a dominar seus medos e a não se deixar aspirar por eles, sem hesitar no entanto em ameaçá-la: foi buscá-la à força certa manhã em que ela se recusou a aparecer no set.

Entre os chalés 20 e 21 do Beverly Hills Hotel, as portas não têm tranca. E uma menininha desamparada, de corpo branco e cheio, vestido preto decotado, balança seus cachos louros em cima de uma nova esperança.

Com o Oscar no bolso, festejada em toda parte, Simone Signoret é obrigada a voltar para a Europa por razões profissionais. Ela, Simone, já sabe. Ela compreendeu. Tudo. A desistência de Miller, o desespero de Marilyn, as fraquezas de seu marido. Que homem resistiria à deusa loura, àquela criança que sem maquiagem lhe lembra "a mais bela das camponesas da Île-de-France"? Não há de ser Yves. Ela se prepara. Suportará o deslize e permanecerá digna. Contanto que ele volte. Para secar suas lágrimas, tem os cigarros e seu velho amigo álcool. Então Simone beija os dois lados do rosto de Marilyn e lhe cede o lugar. Arthur Miller segue-a no mesmo passo. Foge para a Irlanda para se encontrar com Huston e retomar a escrita de *Os desajustados*. "Ele é louco", teria confiado Montand a uma amiga. "Vai embora me deixando Marilyn nos braços." Miller é cego, poderia-se pensar, ou inconsciente? Nenhum dos dois. O dramaturgo é apenas um homem que dá tacitamente a outro a mulher que ama, uma vez que não é mais capaz de atender à demanda dela. Tanto Signoret quanto Miller se sacrificam da mesma maneira. Ela, calculando que, uma vez saciada sua fantasia, o marido voltaria para casa; ele, porque a batalha estava perdida e resolvera por isso (a que preço?) precipitar sua própria queda.

Como velha alcoviteira, Paula Strasberg encoraja um dia Montand a visitar a atriz presa à cama, sentindo-se mal. Diante da cama de Marilyn nua debaixo de lençóis de seda, Yves Montand sente a cabeça girar e, como ele mesmo confessará, não se faz muitas perguntas. O beijo amistoso muda de natureza. Dessa vez, nada de beijos anódinos de cinema. Marilyn lhe oferece os lábios com gosto de sonho e o corpo ardente. Uma noite, duas noites, depois todas as outras. Hollywood inteira é rapidamente posta a par da ligação dos dois. Os amantes assistem juntos à estreia do novo filme de Billy Wilder. O diretor e a atriz se reconciliaram, mesmo que ele não tenha conseguido evitar, em *The Apartment* (*Se meu apartamento falasse*), fazer uma alusão caricatural à celebérrima loura com voz de criança. Marilyn não se sentiu ofendida. Ela está feliz, apaixonada de verdade e se exibe orgulhosamente, à luz do dia, com Yves Montand. Ele, perturbado, enfeitiçado, não sabe como vai fazer para se desembaraçar quando tudo chegar ao fim. Pois vai chegar ao fim. Se não fosse por Simone seria diferente, ele se lançaria de cabeça naquela aventura, recolheria nos braços por dois ou três anos aquele furacão de inocência e sexo. Porém, do outro lado do Atlântico, há Simone. Montand avalia o que tem a perder uma vez extintas as luzes da ribalta. Então saboreia tanto quanto pode a doce Marilyn, que o olha em êxtase, e prepara secretamente sua partida e sua defesa.

O mundo inteiro está a par. Adultério internacional. Em Paris, a imprensa assedia Simone, que enfrenta tudo com uma dolorosa nobreza. De volta aos Estados Unidos, Miller finge não saber de nada. Em uma carta dirigida em abril de 1960 a George Cukor, chega a falar de como sente saudade dela, de como ela é preciosa, e de como é difícil para ele ficar sem ela.[1] Na realidade, Monroe não quer mais ouvir falar dele. O rancor que sente por ele transformou-se em ódio. Doravante, é a Yves Montand que ela se agarra, é nele que coloca seu futuro. Quando a filmagem de *Adorável pecadora* é concluída e ela vê, impotente, Montand lhe escapar por entre os dedos e voltar para sua França natal bem como para a esposa legítima, Marilyn leva um tombo. Tudo desmorona mais uma vez. Signoret tem o Oscar e Montand. Já ela não tem mais nada além de seus remédios e o falso reconforto do álcool. Assim como um novo filme pronto, que não vai gerar receita. Pois *Adorável pecadora* não conhecerá o sucesso das outras comédias rodadas por Marilyn, apesar de sua presença sempre luminosa e da música maravilhosa de Sammy Cahan e Cole Porter. Cenas longas demais quebram o ritmo de um argumento já bastante fraco. Fiel a seu papel de mulher pobre e generosa, Marilyn, embora bela e voluptuosa, talvez pareça pela primeira vez na tela, como notaram diversos comentaristas, cansada e ferida. As mágoas que a corroem eclodem pouco a pouco no seu rosto. Os espectadores não querem vê-las.

Entre duas idas ao dr. Greenson, uma Marilyn desvairada começa a beber muito. Diante dela, está *Os desajustados*, compromisso do qual não pode escapar, última formalidade a consumar antes de se libertar de Miller.

Desajustada

No dia 20 de julho de 1960, Marilyn Monroe e Arthur Miller aterrissam em Reno, Nevada, cidade dos divórcios apressados, lá mesmo onde o escritor, quatro anos antes, enlanguescia-se de amor proibido por sua célebre amante aguardando se separar legalmente da primeira esposa. Lá mesmo onde durante seis semanas ele matara tempo escrevendo *Os desajustados*, que Huston ia agora dirigir com ela, seu sonho louro, e o fim do amor dos dois.

Os Miller deixam o aeroporto em carros separados, fugindo da imprensa vinda do mundo inteiro para se alimentar das imprevisibilidades de um filme com exalações de adultério e tragédia. A filmagem de *Adorável pecadora* terminou há menos de duas semanas e, com ela, a *love story* à qual se agarrava a atriz com todas as suas forças. Ela está esgotada, sujeita a dores múltiplas e a crises de náusea. Atrás dela, malas de remédios prescritos por médicos variados e complacentes. Marilyn se esconde na mesma hora na suíte reservada para ela e para aquele que ainda é seu marido no último andar do Mapes Hotel, no centro de Reno. Depois das inumeráveis descolorações sofridas, seus cabelos não são mais do que tufos de palha. Até os cabeleireiros mais experimentados desistem. Em *Os desajustados*, que será rodado em preto e branco por razões tanto estéticas quanto salutares (haja visto o estado da maior parte dos atores), a mais célebre falsa loura do mundo deverá usar uma peruca. Composição em abismo da dublê: Monroe caricaturando Monroe. Como não enlouquecer? Quanto à sua pele, é um pesadelo. Às pressas, o maquiador é obrigado a começar seu trabalho de manhã cedo, com Marilyn ainda deitada na cama, tresnoitada, meio zonza por causa da dose de barbitúricos que tomou. Disfarçar as bofetadas da idade e os socos do sofrimento. Do seu lado, Miller tenta ainda conciliar um sono cada vez mais povoado de espectros, evitar qualquer conflito e se fazer o mais discreto possível. Nesse estágio, esmagado pelo calor e pelo ambiente opressor que passa a reinar no set, Arthur Miller não tem mais nenhuma certeza de querer terminar definitivamente com o casamento. Sua doce Marilyn, sua menininha, continua sendo para ele todas as mulheres, *a* mulher. Ainda não consegue imaginar o que vai ser o pós-Marilyn, apesar da presença na filmagem de uma fotógrafa de origem europeia, Inge Morath, que tirará magníficas fotografias de Marilyn e Miller, com quem ele se casará no ano seguinte. Por ora, Arthur Miller refaz seu roteiro todos os dias, nele desvelando as neuroses de Marilyn e o fracasso dos dois, e consegue unir a equipe toda contra Paula Strasberg, a quem lança olhares irados sempre que pode.

Sob a peruca, dentro de vestidos decotados moldando seu corpo, Marilyn exibe em preto e branco sua sensualidade *détraquée*, sua condição de órfã e a balbúrdia ensurdecedora de seus tristes amores sob o calorão do deserto. Marilyn não faz o papel de Roslyn. Ela *é* Roslyn. Pelo menos a menina desfigurada que se perdeu dentro dela. Pois *Os desajustados* não é uma obra de ficção. É, à frente de seu tempo, cinema-realidade (a realidade de uma ilusão). E a autópsia de uma mulher ainda não inteiramente morta. Eis por que Monroe detesta o roteiro de Miller, por que lhe tem profundo rancor. O papel de Roslyn é para ela insuportável.

A tensão alcança rapidamente seu máximo. Os atrasos e a condição na qual Marilyn se apresenta quando finalmente chega ao set acentuam as falhas de cada um. Jogador inveterado, Huston passa a noite no cassino para relaxar. Monty Clift se entrega à vodka com suco de laranja. Às vezes é preciso recomeçar as tomadas para não ver um Clark Gable, 59 anos, em fim de carreira, com os membros todos tremendo diante da câmera por causa do whisky que ele não para de beber, infringindo as recomendações de seus médicos. Entretanto, é ele o encarregado de encarnar no filme a força tranquilizadora, o rochedo ao qual Roslyn terminará se agarrando. Ilusão de cinema. Gable é o dublê de Miller, projeção idealizada que traz a loura para os seus braços. Mas, na vida real, Marilyn não volta para ele. Ela até aproveita uma interrupção da filmagem para correr para Yves Montand, de passagem por Los Angeles. Dispensada pelo francês, volta mais arrasada ainda e vira sua frustração contra Miller, que finge não saber onde ela estava e que é acusado de novo de traí-la com sua atitude em relação à Paula. Seu ressentimento é tamanho que um dia, em pleno deserto, ela teria se recusado a levá-lo no carro, batendo-lhe a porta na cara e deixando-o lá, entregue a si mesmo. John Huston, percebendo ao longe pelo retrovisor uma silhueta isolada, teria ido salvar o grande dramaturgo americano de uma morte por desidratação.*

Em 26 de agosto, Paula Strasberg descobre Marilyn desmaiada no quarto com a boca cheia de comprimidos. Hospitalizada no estabelecimento mais próximo para uma lavagem estomacal, é em seguida transferida para Los Angeles, onde o dr. Greenson se esforça para recolocá-la nos eixos o mais depressa possível, a fim de não interromper a filmagem por muito tempo. Mais uma vez, ela tenta em vão se comunicar com Montand por todos os meios possíveis, correio, telegramas, telefone. Com o olhar estranho, ausente, o rosto sem expressão, Marilyn reaparece em Reno quinze dias mais tarde, cercada pelo clã Strasberg completo (Lee desembarcou vestido de caubói, ladeado pela filha Susan), que se planta na frente de Miller e o proíbe de se aproximar da mulher. Na cena rodada na ocasião de seu retorno, com a voz de menina e o rosto tristemente puro, ela pergunta ao velho Clark, seu pai, seu amante: "Você me ama? Diga!". Nela, tudo está morto. Não dirige mais a palavra a Miller, termina até mesmo fazendo o velho Gable perder a paciência e explodir:

– Mas, afinal, o que é que esta menina tem?

São mentirosas as fotos de set que mostram uma equipe coesa em torno de uma Marilyn radiosa. No deserto de Phoenix, há apenas feridos.

Em outubro, a equipe termina o trabalho em Nevada. As sequências que faltam são gravadas no estúdio, em

* Episódio relatado em quase todas as biografias e que faz parte, verdadeira ou falsa, da lenda negra de *Os desajustados*.

Hollywood. É lá, em 4 de novembro de 1960, que Marilyn Monroe e Clark Gable fazem juntos a última cena de *Os desajustados. How do you find your way back in the dark?** Claquete de fim. Para um e para o outro, trata-se do último filme completado. Uma semana depois, Marilyn, destruída, anuncia à imprensa o fim de seu casamento. Ela está tão abatida que os jornalistas interpretam a notícia sem nenhum equívoco. No dia seguinte, um mesmo título está em todas as manchetes: "Miller deixa Marilyn".

Seis dias mais tarde, Clark Gable morre de um ataque cardíaco. Alguns cronistas espalham o rumor de que Kay, sua viúva, atribui a responsabilidade à atriz loura com seu comportamento insuportável durante a filmagem de *Os desajustados*. Arrasada com a acusação, Marilyn tenta de novo se jogar pela janela do apartamento. É impedida no último instante por Lena Pepitone, a empregada.

Sem lhe dirigir uma palavra, Miller foi apanhar a máquina de escrever e todos os seus pertences. Nos grandes cômodos agora vazios e brancos, cuja única mobília é o antigo piano da mãe, Marilyn soçobra, ligada pelo fio do telefone que a conecta, de maneira quase ininterrupta, do outro lado da América, ao dr. Greenson. Lena Pepitone nunca a viu assim tão desesperada, tão dependente dos remédios que ela absorve numa quantidade assustadora. Seu cotidiano é vazio. As sessões com a psicanalista nova-iorquina a mantêm penosamente à tona. Quanto às aulas no Actors Studio, ela não tem mais forças, talvez também não tenha vontade. O fim do ano se aproxima e a remete como de costume a uma solidão desesperadora. Todos os homens que ela amava a abandonaram. Gable, seu "pai", morreu (e dizem que ela o matou). Montand desapareceu do mapa. Miller já se consolou nos braços de Morath. A eleição de John Kennedy à presidência dos Estados Unidos, que coincidiu por poucos dias de diferença com seu divórcio, poderia tê-la enchido de orgulho, ela, a órfã número

* "Como é que você acha seu caminho no escuro?", as últimas palavras de Marilyn na cena final de *Os desajustados*.

4363, amante do homem mais poderoso da América. Mas ela, Marilyn, não se ama suficientemente para saborear essa vitória. Vê apenas fracassos por todo lado, manipulações, traições, e aguarda o dia de Natal com terror.

Sem contar o único homem que lhe é fiel há anos e não desistiu dela. Com uma enorme poinsétia vermelha nas mãos, Joe DiMaggio se apresenta no apartamento da Rua 57. O caminho está de novo livre, e Marilyn de volta de suas pretensões intelectuais. Sonâmbula, ei-la retornando para os braços do ex-jogador de beisebol. DiMaggio, discreto, toma a escada de serviço e foge dos jornalistas como da peste. Sob seu grande corpo de atleta, Monroe se desfaz lentamente de suas ambições. Tornar-se uma atriz dramática, o Actors Studio, o meio literário, Nova York... Bagatelas. O lugar de uma loura de peitos grandes se encontra em alguma parte entre as comédias e as praias californianas. Jean Harlow tornara-se célebre não usando sutiã, depois conseguira inspirar respeito.

Não ela. Apesar de seus múltiplos esforços, símbolo sexual ela é, símbolo sexual ela continua. E, já há algum tempo, só se fala de Liz Taylor.

Marilyn tem medo. Envelheceu. Pressente o declínio, não ignora que o meio do cinema dá a entender, e cada vez mais intensamente, que ela é louca. Quem ainda vai querer filmar com ela? Seu tempo, talvez, tenha passado. Vai fazer 35 anos esse ano, uma idade canônica em Hollywood. Uma idade também em que um corpo de mulher sente mais do que nunca a urgência da renovação e da maternidade. Marilyn arrasta seu lote de crianças mortas atrás de si. À noite, nos seus terrores, escuta seus nenéns dando passinhos no chão. Joe? O que fazer? Teria chegado a esse ponto de fracasso que sua única salvação reside em Joe DiMaggio? Mas, antes de mais nada, termina com Arthur Miller e a fazenda de Roxbury, que ela deixa para ele sem problemas. O divórcio foi marcado para o dia 21 de janeiro de 1961. Foi a nova assessora de imprensa de Marilyn, Pat Newcomb, que sugeriu: nesse dia, a América inteira estará absorvida pela entronização oficial de John Kennedy na presidência. Com um pouco de sorte, vão deixá-la em paz. Newcomb é uma mulher jovem e muito inteligente, dotada de um temperamento aguerrido. Marilyn a conheceu durante a filmagem de *Bus Stop*, cinco anos antes. Logo de início, ela a detestou, por razões pouco claras e contraditórias segundo os biógrafos: as duas teriam entrado em concorrência amorosa. Mas naquela época Marilyn estava em pleno romance com Miller, o que não proíbe ninguém e não exclui ter de enfrentar diferentes rivais: todas as mulheres metem medo em Monroe, muito pouco segura de si, razão pela qual dará preferência a se cercar de tutoras mais velhas e muito feias como Lytess ou Strasberg. O que é certo é que uma briga violenta explodiu já no primeiro dia entre Marilyn e Pat Newcomb. Mas o caminho dessa moça brilhante, ambiciosa, de grandes pretensões, próxima dos Kennedy*, iria cruzar outra vez com o de Marilyn e unir-se ao dela até o final. Cada vez mais presente nas filmagens sucessivas da estrela, indubitavelmente do seu lado no menor dos conflitos, Pat Newcomb soube pouco a pouco se tornar indispensável. Disponível dia e noite, acorrendo assim que era chamada, Newcomb é também uma excelente e preciosa fornecedora de medicamentos.

Em 1961, ela não sai mais de perto da estrela e se abriga de agora em diante atrás dela em todas as aparições públicas. No dia 20 de janeiro, as duas voam para a cidade de Juárez, no México, onde Monroe assina sem ler seu terceiro (ou quarto?) ato de divórcio. Apesar das precauções adotadas por Pat, os paparazzi comparecem e, acossando Marilyn, conseguem registrar em fotos seu desespero.

– Quando o monstro mostrou sua face, Arthur não conseguiu acreditar. Eu o decepcionei. Mas eu tinha a impressão de que ele me conhecia e amava tudo em mim. Eu não era só boazinha. Ele teria de amar o monstro – gagueja Marilyn antes de se trancar dentro de casa.[1]

---

* Para alguns, o papel de Pat Newcomb junto de Marilyn é dúbio. Suspeitam, entre outras coisas, de ela ter feito jogo duplo e, sobretudo, de ter dissimulado o que sabia sobre as circunstâncias da morte da atriz.

Talvez tenha sido nesse momento que ela redigiu seu testamento, deixando o essencial de sua fortuna aos Strasberg. Joe foi embora de novo. No final de janeiro, no braço de Montgomery Clift, a atriz assiste à estreia de *Os desajustados* no Capitol Theatre de Nova York. Ela sai de lá arrasada. Nunca se detestou tanto numa tela. Quem é aquela mulher loura de peruca, de rosto inchado, pálpebras intumescidas sobrecarregadas de maquiagem, cujos seios e o quadril a câmera insiste em focalizar sem parar? Essa depressiva "destroçada, dominada pelos homens, sempre em busca de um relacionamento, desamparada e ao mesmo tempo insaciável"[2], perdida em um roteiro rígido e falho? Insustentável visão de si mesma por aquele que foi seu marido e sua esperança malograda. Felizmente, restam-lhe os barbitúricos misturados com álcool. Marianne Kris, psicanalista de Marilyn, decide hospitalizá-la por algum tempo.

No dia 5 de fevereiro, sob uma peruca disfarçando sua falsa lourice, e usando o pseudônimo de Faye Miller, Marilyn chega ao pavilhão psiquiátrico do Cornell Hospital. Nos corredores, rostos desvairados, corpos sacudidos por gestos assustadores. Onde ela está? O que significa tudo aquilo? Para onde a estão levando? Inquietante estranheza. Empurram-na para dentro de uma cela de paredes acolchoadas, com grades na janela. Quando a porta se fecha às suas costas, alguma coisa grita dentro dela e a desperta de repente. A dra. Kris lhe dissera que se tratava de repouso. Mas tinha mentido. Traiu-a, ela também. Ei-la diante de seu mais profundo terror, ei-la no meio dos loucos, com sua mãe (que há oito anos, em um sanatório da Califórnia, multiplica tentativas de evasão e de suicídio), sua avó e a multidão de pirados que ela conta entre seus ascendentes. Internaram-na, e agora ela nunca mais poderá sair, ela é prisioneira, não importa o que quer que ela faça, mesmo que grite, *eles* queriam se ver livres dela, *eles* conseguiram, ela não tem mais ninguém e, nessa masmorra onde a prenderam sem nenhuma consideração, ela vai provavelmente ficar louca de verdade, inteiramente sozinha com seus fantasmas. É importante não dormir, pois é durante a noite que as sombras a espreitam. Marilyn soca as paredes e pede ajuda, lança uma cadeira contra a janela, fica inteiramente nua. Derradeira revolta. Logo em seguida lhe põem uma camisa de força. Acabou. Marilyn Monroe, superstar, ícone internacional, amante do presidente dos Estados Unidos, amarrada com a roupa dos doidos perigosos e entupida de calmantes. Curiosíssimo para assistir a esse show privado, o corpo médico inteiro desfila na frente dela. Da mulher menos importante da sala ao grande médico, todos acorrem para contemplar a estrela decadente, coberta de baba e lágrimas. Em cima da sua cabeça, a menina sente o travesseiro se aproximar outra vez. Dessa vez, ela não vai sair vitoriosa. Vai morrer sufocada.

Passados dois dias, uma enfermeira com pena de sua sorte autoriza-a a escrever um bilhete para a pessoa que ela escolher. Marilyn não sabe. Espontaneamente, pensa em Lee e Paula Strasberg e redige para eles um vibrante pedido de socorro, inútil de resto. Por que ninguém do seu círculo reage, não vem tirá-la dali? E os que supostamente são seus amigos? No dia seguinte, quando lhe permitem usar o telefone, Marilyn não tem dúvidas e liga na mesma hora para DiMaggio. O grande Joe não tergiversa. Sob a ameaça de "demolir o hospital até o último tijolo", consegue tirar a ex-mulher da antecâmara do hospício.

Marilyn compreendeu. Dois meses mais tarde, em abril de 1961, depois de uma internação para repouso e desintoxicação, ela está de volta à Costa Oeste. A mãe de Miller morreu alguns dias antes. Ela deu um longuíssimo abraço no ex-sogro de quem gosta tanto. Miller, com Inge Morath do lado, não lhe dirigiu a palavra. A ligação da pequena californiana com Nova York terminou dolorosamente. No presente, ela precisa de sol e de piscinas, de noitadas cintilantes e sobretudo do bom dr. Greenson, sua nova esperança, o único em quem ela agora deposita toda sua confiança (é preciso acrescentar que ela rompeu violentamente com a psicanalista nova-iorquina?). Retorno, portanto, a Los Angeles, passagem só de ida ou até regressão, tanto mais que Marilyn se instala em um apartamento bem perto do que ela ocupava antes de partir. Passa imediatamente a centrar a existência na interminável sessão diária com Greenson, às quatro da tarde, na casa dele em Santa Mônica, seguida quase invariavelmente de um convite para jantar no seio da família do psiquiatra. Sua sujeição a esse médico adquiriu uma amplidão inacreditável. Ela lhe confia tudo, anota num caderninho vermelho tudo o que faz, grava para ele em fitas magnéticas seus mais ínfimos pensamentos.* Greenson dirige sua existência, escolhe cuidadosamente seus amigos e se propõe rapidamente a ele mesmo escolher os roteiros que são submetidos a ela. Desaconselha-a a rever DiMaggio e desaprova a ligação paralela que ela começa a ter com Frank Sinatra. O *crooner* não é uma pessoa muito frequentável, sobretudo para um ser tão frágil quanto Marilyn. É conhecido o gosto dele por orgias e putas, assim como o lendário talento de conquistador. Embora ciente das relações de Sinatra (ela não apelidou o cachorrinho que ele lhe deu de Maf, diminutivo de máfia?), a atriz nem sempre obedece às orientações. Ociosa, bêbada a maior parte do tempo, deixa-se levar por esse coquetel de sexo e álcool no qual ficam lado a lado as mais altas esferas do poder e do submundo. Em Hollywood, como na CIA e no FBI, mais ninguém ignora que Marilyn Monroe é também uma das amantes do novo presidente dos Estados Unidos. Com regularidade, ele se encontra com ela na casa à beira-mar de seu cunhado, Peter Lawford, marido de Patricia Kennedy. Sabe-se da mesma maneira que ela é desequilibrada, pouco discreta e que representa um perigo certo para o Estado.

Nesse ano de 1961, a estrela faz poucas aparições públicas e não está atuando em nenhum filme. Consequentemente, a imprensa espreita seus mínimos atos e gestos. Qualquer ocasião deve ser aproveitada. Operada em julho para uma ablação de vesícula biliar, a loura atriz, na saída do hospital, por pouco não foi pisoteada e ferida pela multidão histérica e agressiva que a aguardava. Puxam suas roupas, seu cabelo.

* As famosas fitas às quais Matthew Smith diz ter tido acesso (cf. referências bibliográficas).

As perguntas dos jornalistas disparam e a atingem de todos os lados: "Foi você que matou Gable?", "Vai se casar novamente com DiMaggio?", "Dizem que Arthur Miller vai se casar outra vez dentro em breve...".

A fantasia de Marilyn Monroe se torna muito pesada de carregar. Cansada, negligente, engorda a olhos vistos. Com os cabelos platinados e os olhos excessivamente pintados, simulacro de si mesma, bebe assustadoramente e se oferece como espetáculo em restaurantes durante noites passadas na companhia de Sinatra e seus amigos. É assim que vocês me querem, é assim que vocês me têm – parece de fato indicar.

Inquieto por vê-la escapar de seu controle, o dr. Greenson acha que convém acentuar sua vigilância. Em outubro, ele obriga Marilyn a contratar uma dama de companhia permanente, encarregada de levá-la para casa todos os dias e cuidar das questões domésticas. Para romper sua solidão e ajudá-la no dia a dia, ele pretexta. Na realidade, para que ela filtre as frequentações de sua paciente e conte tudo para o bom doutor. Pequena, fria, de idade madura, olhos de fuinha e rosto seco, Eunice Murray é, na verdade, uma antiga enfermeira psiquiátrica, amiga de Greenson, com quem compartilharia as opiniões políticas de extrema esquerda. Ela nunca viu um filme de Marilyn Monroe, a mulher que dorme com John Kennedy, mas de agora em diante vai compartilhar a vida dela dia e noite.

Em dezembro, após penosas discussões com a Fox relacionadas, entre outras razões, ao seu salário, estimulada por Greenson, Marilyn aceita trabalhar no *remake* de *My Favorite Wife*, filme que saiu em 1940 com Cary Grant. A nova versão vai se chamar *Something's Got to Give* [Alguma coisa deve ceder] com George Cukor na direção. Monroe terá como parceiros Dean Martin e Cyd Charisse. Ela não quer fazer essa comédia. Está muito indecisa, desiludida. O que o espelho lhe devolve a apavora. Quanto tempo ainda a mistificação vai se manter debaixo do pó de arroz e dos cosméticos? Como vai poder chegar perto do brilho de uma Liz Taylor suntuosa, dizem, na superprodução que está sendo preparada – *Cleópatra*? Mas o estúdio a ameaçou em termos jurídicos. Greenson, sobretudo, incitou-a vigorosamente a dizer sim. Além do mais, o nome dele figurará também no contrato. Ele se comprometeu a garantir a pontualidade de Marilyn no set e obteve o direito de exame do roteiro. Em suma, tornou-se o agente dela.

Marilyn cede e deixa os outros decidirem por ela. Prepara-se para filmar seu trigésimo filme. E de quantos sente orgulho? Os dois precedentes foram fracassos comerciais. Este pode relançar sua carreira ou dar-lhe um fim definitivo. O que é certo é que estão à espreita para pegá-la. Ela está com medo. Mergulha na depressão e suplica ao dr. Greenson que a adote.

Alguma coisa deve ceder

Restam-lhe seis meses para sobreviver.

Último Natal da menininha sem família. Joe está lá, evidentemente, leal Joe cujos punhos se cerram quando Marilyn lhe fala de Kennedy ou de Sinatra, que ele detesta. Não vê que eles se servem dela? Claro que ela vê. Mas algum coisa dentro dela continua a persuadi-la de que dormir com o "Prez" é gratificante. E ela tem muita necessidade de se sentir valorizada. Por que não largar tudo e voltar para ele?, pergunta DiMaggio. Porque a ladeira é mais do que nunca abrupta e é impossível subi-la outra vez. Alguns seres não podem ser salvos contra sua vontade. Contudo, o antigo jogador de beisebol continua querendo acreditar. Reencontrar sua Marilyn, tirá-la de toda essa sujeira e arrebatá-la para o mundo inteiro. Há algum tempo, os jornalistas vêm avistando sua grande silhueta andando por ali, e espalha-se o rumor de um recasamento. Em janeiro de 1962, DiMaggio adianta o dinheiro que a atriz precisa para pagar a primeira parcela da casa que ela acaba de comprar, o número 12.305 da Fifth Helena Drive, em Brentwood. O dr. Greenson encorajou-a a fazê-lo. Eunice Murray encontrou a casa em estilo mexicano, réplica da casa do psiquiatra, a dois passos da dele. Muito próxima igualmente da residência de Peter Lawford. No momento de assinar a promessa de venda, Marilyn explodiu em soluços: pela primeira vez, ela possuía uma casa; e a estava comprando sozinha.

É uma casa de um pavimento, no fundo de uma rua sem saída. Um tanto modesta em comparação com as propriedades habituais das estrelas. Construída em ângulo, possui, na sua primeira parte, uma sala para visitas, uma cozinha e uma sala de refeições; na segunda, ligada por um solário, estão situados o salão assim como os quartos de Marilyn e de Eunice Murray com seus banheiros respectivos, e o quarto dito dos telefones. Na frente, um jardim bem simples, e atrás, uma pequena piscina onde a atriz, pouco à vontade na água, quase nunca nadará. Poucos móveis e objetos, fora os que Marilyn trouxe do México em fevereiro a conselho de Greenson. A órfã nunca gostou de bens materiais. Só consegue ver neles a extrema fugacidade. Talvez pressinta também que sua estadia será breve. Dentro do quarto, um colchão em cima de uma base sem pé, direto no chão. Malas aqui e ali, nenhuma decoração e grossas cortinas pretas bloqueando a luz, com a finalidade de favorecer o sono.

Os últimos meses de sua vida Marilyn vai passar ali, mais precisamente no quarto dos telefones – o rosa, da residência, e o branco, a linha privada. De maneira a poder levar o aparelho até seu quarto, ela mandou instalar fios extremamente compridos. Sua solidão jamais alcançara tamanha extremidade. Apesar de DiMaggio, de Sinatra, das aventuras de uma noite, de Robert Kennedy que, rapidamente, alternará com o irmão o leito da estrela. Marilyn vai para a cama com todo mundo. Enquanto seu corpo ainda puder servir. Ela precisa ter a prova de que os homens ainda a desejam. Que eles desejam ainda Marilyn Monroe. É o único meio de se saber ainda viva. Fantasma pelas ruas de Los Angeles, ela busca sob a peruca sua antiga glória decaída.

– Com qual mu... mulher você so... sonha pa... passar uma noite?

Falsa morena que dissimula uma falsa loura. A mulher caída, nua dentro da capa, se entrega talvez ao primeiro que aparece, uma pessoa qualquer, operário das ruas, encanador fazendo algum serviço na casa dela, roteirista mexicano, completamente atordoados pela oferenda inesperada que lhes é feita. Falsa morena que dissimula uma falsa loura, faz-se passar em Palm Springs pela secretária do presidente. A linha direta do Salão Oval está sempre aberta para Miss Green. Na casa de Brentwood, Marilyn Monroe recebe suas visitas sem roupa. Deixar cair a máscara. Às vezes ela se alimenta durante dias unicamente de ovos cozidos, champanhe e caviar. Não se lava. Fica imunda. Como a maior parte das atrizes hollywoodianas, ela é adepta das lavagens que limpam o corpo e preservam a linha. Eunice Murray lhe administra com muita frequência. Marilyn emagreceu bastante ultimamente, está outra vez orgulhosa de sua silhueta. Pode-se até dizer, graças às pílulas milagrosas, que ela recuperou um pouquinho de fé. Em abril, durante uma visita relâmpago a Nova York para uma festa em homenagem ao presidente, em que ele prometera à plateia a presença da estrela, ela avaliou a extensão sempre imensa de seu potencial erótico. Precisou de horas para sair do banheiro. Como de costume, chegou muito atrasada, mas deslumbrante, divina. Uma aparição. A Marilyn eterna, a Marilyn reencontrada.

Contudo, uma vez terminado o show, quem permanece junto dela? Eunice Murray, Ralph Greenson e Pat Newcomb. Praticamente, ela só tem a eles. De Joe, ela resolveu manter uma certa distância desde a última surra que ele lhe aplicou e que a fez ir parar no hospital. “Ela se machucou”, diz o dr. Greenson aos enfermeiros que examinam o olho roxo da atriz. E ele lhe ordena nunca mais rever o antigo Yankee, que ameaça, além do mais, comprar a propriedade vizinha da dele.

Marilyn ainda é capaz de fazer um filme? É a pergunta que todos se fazem em Hollywood na época. Dizem que ela está perturbada, devendo ir para o asilo psiquiátrico. Sabem que é dependente de remédios e de álcool. Durante a entrega do Globo de Ouro, quando foi designada como a atriz mais popular dos Estados Unidos, ela estava tão embriagada que foi preciso cancelar a transmissão da cerimônia pela televisão. Sabe-se lá o que ela poderia fazer!

Descontrolada, absolutamente descontrolada.

No seu escritório do FBI, Edgar Hoover está inquieto e furioso. Se ao menos os irmãos Kennedy se contentassem em dormir com Monroe. Mas eles não conseguem deixar de falar, e a outra não segura a língua, orgulhosa demais por conhecer segredos de Estado. A quem ela os revela? Aos seus amigos comunistas (o psicanalista, entre outros*), necessariamente às ordens dos russos. “Miss Monroe representa uma ameaça ao

* É tido como agente do Komintern.

país, sr. presidente. O senhor teria todo interesse em ser mais prudente e colocar um ponto final nessa relação perigosa."

Muito ansiosos igualmente, os dirigentes da Fox estão enredados na onerosa produção de *Cleópatra* e nos caprichos de Liz Taylor. A filmagem de *Alguma coisa deve ceder*, cujo roteiro foi inteiramente revisto no último minuto por Cukor, foi adiada por vários dias. Muitos diretores já brigaram por este filme que deve começar no dia 23 de abril e para o qual Monroe exigiu a bagatela de três mil dólares por semana destinados à inevitável Paula Strasberg. Durante os ensaios, é verdade, a celebérrima loura surpreendeu todo mundo. Segundo testemunhas presentes, ela estava absolutamente luminosa, explodindo de beleza, com sua cabeleira muito oxigenada, sua pele de alabastro, o corpo firme e mais magro, o olhar inocente, simultaneamente radiante e triste. Dava a impressão de ter reencontrado o olho da câmera, de se sentir bonita outra vez de maiô ou no seu vestido branco de grandes flores. Nesse dia, George Cukor não se dignou a assistir às tomadas. Foi uma inabilidade, ele ofendeu Marilyn. Ela iria ao encontro combinado (mesmo que seu psicanalista tenha garantido sua pontualidade?) de 23 de abril de 1962 de manhã? A resposta é não. Aparentemente, Marilyn está sofrendo de sinusite crônica e de infecção na garganta. O médico enviado pela Fox prognostica várias semanas de recuperação. Monroe não está em condições de trabalhar. Há uma consternação no set. Furioso, Cukor não acredita na doença da atriz e pressente a catástrofe. Decide filmar as cenas em que ela não aparece. O problema é que são poucas. A intriga é de fato essencialmente baseada na personagem da esposa (Marilyn) que se acreditava ter morrido num naufrágio mas que reaparece no momento em que o "viúvo" (Dean Martin) vai se casar com outra (Cyd Charisse).

Durante os dois meses seguintes, por diversas razões de saúde, a atriz não trabalha senão sete dias, devorando o orçamento do filme e se destruindo para sempre. Pois o verdadeiro combate a que Marilyn se entrega é contra si mesma, absorvida por seus terrores, arrastada de maneira irreversível para a capitulação. Os raros dias que escapam à ladeira mortífera mostram na tela uma mulher esplêndida (entupida de anfetaminas), claramente desejosa de interpretar, de demonstrar que ainda está ali, que é a mais bonita, a mais comovedora: a sequência em que ela rola pelo chão com seus dois "filhos" (os pequenos atores que desempenharam esses papéis tinham a idade que teriam os filhos de Marilyn e Miller); a sequência em que ela se diverte com o cachorro; seu jogo cúmplice com Dean Martin. No set, muitos afirmam que ela nunca esteve tão bonita. Mas, por trás, há desmaios repentinos, recusa de sair do camarim, tomadas recomeçadas dezenas de vezes, a fala confusa, as trapalhadas, as crises de histeria, a sombra negra de Paula Strasberg, a de Pat Newcomb (as duas mulheres, bem entendido, não se gostam, e cada uma puxa Marilyn para o próprio lado), e todos os dias em que ela sequer aparece. Cukor detesta-a. Há quem diga que ele a insulta usando os termos mais obscenos. A tensão atinge o ápice em 19 de maio. Apesar da proibição formal dos dirigentes da Fox, tão indignados com as ausências de Marilyn que começam a cogitar seriamente sua substituição, a estrela loura voa para Nova York a fim de participar da festa de gala pelo aniversário de Kennedy no Madison Square Garden. Ela não pode resistir. Para a garota abandonada, vivendo entre uma casa e o orfanato, ver-se no palco diante de toda a América e cantar para o presidente dos Estados Unidos é a consagração suprema. Danem-se as consequências. Num vestido de *voile* de seda cor da pele bordado de strass, costurado no corpo, *the late** Marilyn Monroe ondula como uma sereia com o colo à mostra, o corpo oferecido a todos, sob as lâmpadas dos projetores e os gritos do público. Ela realiza seu sonho, mostra-se nua diante da terra inteira. O tempo se suspende. O presidente retém a respiração. Quando soube que Marilyn estaria lá, sua esposa, Jackie, decidiu não

* "A muito atrasada MM" (também "falecida Marilyn Monroe", como finalmente foi apresentada no palco por Peter Lawford, mestre de cerimônias, que teve de anunciar sua falsa chegada diversas vezes diante de uma plateia eufórica).

assistir à indecente exibição. A deusa loura está muito bêbada. Sussurra com sua voz cristalina e ofegante: "*Happy birthday, mr. president*". Momento antológico captado pelas câmeras de televisão; orgulho da criança Norma Jeane, que queria um pai a seu lado naquela noite para compartilhar seu triunfo. Por isso ela pediu a Isidore Miller para acompanhá-la. Para que alguém ficasse orgulhoso dela. Talvez também para aborrecer Arthur, cuja nova mulher espera um filho, notícia que a afundou no desespero. Nessa noite, de todo modo, aquela que queria que olhassem para ela foi até o fim de sua fantasia.

Ela vai pagar um preço altíssimo por esse número de charme executado publicamente para o presidente e pela afronta feita à Fox. O FBI adverte John Kennedy de que sua imprudência passou dos limites. Ele deve romper imediatamente essa ligação obscena mal disfarçada e muito perigosa. Marilyn ainda não sabe, mas é a última vez que está vendo o "Prez". Quanto aos estúdios, eles estão prestes a botá-la na rua quando Pat Newcomb, que sabe do efeito produzido, anuncia que a estrela está disposta a fazer a famosa cena da piscina. Ela está tão em forma, acrescenta a moça, que há fortes chances de vir a tirar o maiô. Na mesma hora dá-se uma comoção geral. Todo mundo quer estar no set. No final, apenas dois fotógrafos obtêm autorização para ficar. As fotos de Marilyn nua tiradas por eles estarão, dois dias mais tarde, em 72 revistas de 32 países, onde farão sua fortuna. Contudo, em 28 de maio, a estrela está outra vez sem condição de filmar. O que se passou no fim de semana de 26-27 de maio? As especulações se multiplicam. Em geral, estão de acordo mais ou menos ao dizerem que nesse momento preciso a linha direta da Casa Branca foi cortada para ela. Sem explicação. Insuportável rejeição, abandono doloroso e, a seus olhos, algo injusto, que faz um eco assustador às feridas do passado. Marilyn não suporta ser rejeitada, como um objeto que serviu o suficiente. Ela brada sua revolta, sua dor, ameaça falar, revelar tudo. Aborrecido, John convoca o irmão Robert, ministro da Justiça, para tentar acalmar a loura ferida.

Mas isso não basta. Como lhe faltam palavras, Bobby trata de resolver a questão com gestos e acha que nos seus braços Monroe se esquecerá rapidamente do irmão. Marilyn está humilhada. Passa da histeria para o abatimento. Ameaça gritar ao mundo inteiro a verdade, ela que nunca falou mal de ninguém. Em torno da atriz, instala-se o pânico. Peter Lawford, em vão, tenta chamá-la à razão. Pat Newcomb instala-se na casa dela. Por razões jamais esclarecidas, no momento em que Marilyn teria mais necessidade dele e quando ele deveria estar presente na filmagem de *Alguma coisa deve ceder*, o dr. Greenson ausentou-se misteriosamente durante quatro semanas na Europa.

Na sua guerra contra o monstro, Marilyn consegue ainda assim umas poucas vitórias e chega a filmar por quatro dias seguidos. Na sexta-feira, dia 1º de junho, ela comemora modestamente seu trigésimo-sexto aniversário dentro do camarim. Cukor e a maior parte dos técnicos boicotam o evento. Só Dean Martin traz champanhe. O ambiente é triste e pesado. Marilyn está cansada, trabalhou durante horas. Quando volta para casa à noite, acaba de viver seu último dia de atriz. Novamente doente, desmorona. Oito dias depois, cansada, a Fox dispensa-a, acusando-a de irresponsabilidade e transtornos psicológicos. Chegará a mover uma ação na Justiça contra ela. Greenson voltou tarde demais da Europa. Apesar de sua interferência, os dirigentes são taxativos: Monroe está *out*, ela não tem nenhum respeito pelos outros. Será substituída por Kim Novak ou Lee Remick. Duas dispensas em tão pouco tempo são muito para uma só mulher.

Aniquilada, Marilyn vai, contudo, encontrar um jeito de se reerguer uma última vez. Ela sabe que é uma questão de sobrevivência. Sua carreira está acabada. Na sua paranoia, pergunta-se se Bobby Kennedy não teve alguma atuação, se ele não interveio na Fox contra ela. Marilyn não quer deixá-lo vencer. Consegue desencavar vários aliados, como Dean Martin e Zanuck, que gostaria de recuperar seu poder. Convocando os maiores jornalistas e fotógrafos do mundo inteiro, ela se presta a longas sessões de fotos e entrevistas. Continua na corrida e pretende prová-lo. Sua popularidade junto do público permanece imensa.

Final de junho. Por uma incrível reviravolta na situação, Marilyn Monroe é recontratada para terminar o filme com um novo diretor de sua escolha e um contrato de um milhão de dólares. Nunca se viu uma coisa assim. Contudo, ela sabe que deve essa pirueta final a um único telefonema: o que Bobby Kennedy deu para o chefão da Fox.

Sua carreira está nas mãos do ministro da Justiça. Foi o meio que ele encontrou para comprar seu silêncio.

“Suicídio provável”

E agora, o que está acontecendo? O que aconteceu naquele fatal verão de 1962? Quase meio século de suposições e teorias de todos os gêneros, de contradições absurdas, baseadas em afirmações sem embasamento, em provas supostamente definitivas para tentar analisar a fundo, minuto após minuto, as últimas semanas da estrela e explicar sua morte misteriosa no começo do mês de agosto. Os partidários, numerosos, da tese de assassinato apresentam em geral uma Marilyn Monroe revigorada depois do seu novo triunfo contra a Fox. (“Ela não pode ter se suicidado porque estava bem.”) O recomeço da filmagem de *Alguma coisa deve ceder* está previsto para setembro. Enquanto aguarda, a atriz cultiva seu jardim (no sentido próprio) e estuda novos projetos, como um filme com Sinatra. Diversas testemunhas afirmam que ela parece decidida a fazer tábua rasa do passado. Cansada de ser sufocada pelo seu círculo, consciente de estar sendo espionada (chega a fazer ligações de uma cabine pública), teria desejado dispensar sucessivamente Paula Strasberg, mandada de volta para Nova York sem maiores explicações, Pat Newcomb, amiga demais dos Kennedy, e Eunice Murray, que a deixa gelada de medo e que ela, na verdade, nunca suportou. Alguns chegam a garantir que durante essa crise de paranoia de grande extensão ela também teria cogitado de se livrar do controle do bom dr. Greenson, finalmente se dando conta de que era asfixiante demais. Menciona-se também um recasamento com DiMaggio marcado para 8 de agosto.

Surpreendente reviravolta, inesperada e de todo modo pouco provável, de uma criatura sabidamente instável, frágil e maníaco-depressiva, capaz de passar em algumas horas e sem razão aparente de fases de excitação intensa ao mais profundo desespero. Por que não? É claro que remissão existe, mesmo quando se está no fim da corrida. Pode-se sempre acreditar que, nesse estágio de sua existência, Marilyn ainda não tenha feito toda a sequência de Monroe. Então a imaginamos contente por ter desprezado Hollywood, mesmo que tenham sido outros, o que de resto ela não ignora, que manejaram os cordéis. Sua carreira não está totalmente acabada, mesmo que Elizabeth Taylor faça filmes épicos e ela, comédias ligeiras. Ela ainda é bastante bonita, mas é um engodo, uma vez que tudo nela está irreversivelmente estragado. E ela iria se ligar de novo a Joe, o Truculento? Sadomasoquismo em estado puro. Ou então um verdadeiro atestado de fracasso, lúcido e resignado. É verdade que não existem outros pretendentes. Sinatra finalmente desistiu de se casar com ela, como Marilyn acreditara em um determinado momento. Dizem que em meados de julho Robert Kennedy rompeu, por sua vez, com ela sem explicação. Provavelmente, foi a gota d'água que fez transbordar o copo. No seu furor por ter sido tratada "como um pedaço de carne" pelos Kennedy, Marilyn considera a possibilidade de convocar a imprensa para uma coletiva-revelação. Ela está sofrendo, não há dúvida; a menina que queria respeito. É uma mulher ferida, uma apaixonada desprezada, que requer um mínimo de tato. Então, mortificada, apanha o telefone e bombardeia o escritório do ministro da Justiça, depois seu domicílio pessoal. Bobby se irrita e fica com medo. Graças aos nove filhos que fez na mulher, acaba de ser eleito pai do ano. Temendo o escândalo, ordena a Lawford e Sinatra que acalmem Monroe por todos os meios.

No fim de semana de 28 e 29 de julho, sob o pretexto de que Robert Kennedy estará lá e que ela poderá se explicar com ele, o cunhado do presidente leva Marilyn ao Cal-Neva Lodge, um clube no lago Tahoe, conhecido por ser um antro do submundo. Difícil saber o que aconteceu durante esses dois dias. Os rumores mais sórdidos circulam: fala-se de uma Marilyn mantida prisioneira em um chalé, drogada, violada por Lawford, Sinatra e os chefes da máfia, filmada em posições obscenas, violentamente ameaçada por uns e outros. Descreve-se Joe DiMaggio postado sobre a colina em frente, impotente, adivinhando o horror a alguns passos, espreitando a aparição de sua loura detida. Kennedy, evidentemente, não compareceu. Ao voltar para casa, Marilyn está apavorada. Uma semana depois ela estaria morta.

Durante anos, Eunice Murray contou que, na noite de 4 de agosto de 1962, sua patroa, cansada, se retirou cedo para o quarto, levando consigo o telefone. Várias pessoas afirmam ter falado com Marilyn nessas últimas horas (entre outras conversas, o célebre "Diga adeus ao presidente" murmurado com uma voz pastosa a Peter Lawford). Por volta da meia-noite, inquieta por perceber luz sob a porta, a governanta saiu para o jardim e, pela janela, viu o corpo nu e sem vida de Marilyn em cima da cama. Alguns dias mais tarde, depois da autópsia e de interrogatórios de testemunhas, a investigação concluiu por um "suicídio provável", voluntário ou acidental, por absorção de barbitúricos. A estrela estava muito desequilibrada. O fracasso de seus casamentos assim como de seus dois últimos filmes, a perda dos bebês e uma popularidade esmagadora a tinham destruído. O monstro louro venceu-a definitivamente, escolhendo uma saída sob medida, à altura de sua lenda. Norma Jeane morreu. Marilyn Monroe atinge a imortalidade.

Só que nem tudo é assim tão límpido. As declarações de Eunice Murray, assim como seu comportamento, sempre pareceram suspeitos: como ela poderia ter percebido luz sob a porta do quarto de Marilyn se um carpete grosso, recentemente instalado, filtrava-a inteiramente? Por que teria esperado quatro horas antes de avisar a polícia? Por que a máquina de lavar estava funcionando em plena noite? Como Marilyn conseguiu engolir tantos soníferos sem um único copo d'água? Os dois médicos presentes (Greenson e o clínico de Marilyn) pareciam pouco à vontade. A rigidez do cadáver tendia a provar que a estrela provavelmente teria morrido por volta das dez horas da noite. Pouco a pouco, as línguas foram se soltando. Vizinhos contaram que durante essa noite tinham visto uma ambulância, vários automóveis e até um helicóptero em volta da casa da atriz. Teriam escutado uma mulher berrar: "Assassinos, estão contentes agora que ela está morta?". Principalmente, eles afirmaram, porém baixinho, que Robert Kennedy tinha ido duas vezes naquele dia à casa de Marilyn, ao passo que, oficialmente, ele não estava em Los Angeles.

Com muitos detalhes, os biógrafos passaram tudo no pente fino: relatório da autópsia, falsas declarações. Alguns livros, apoiados em provas, pretendem demonstrar que Marilyn foi assassinada pela Máfia (a teoria do supositório mortal administrado à atriz drogada). Outras, igualmente pouco convincentes, pela CIA, ou por antigos agentes da CIA a fim de derrubar os Kennedy. Ou ainda pelo FBI... Suspeitou-se igualmente da governanta, Eunice Murray, que teria administrado uma lavagem fatal na patroa. De Greenson também. Robert Kennedy em pessoa, ladeado por dois acólitos com uma seringa hipodérmica, continua sendo o assassino predileto da maior parte das encenações. Em 1985, Eunice Murray terminou confessando que o ministro da Justiça americano esteve de fato presente no número 12.305 da Fifth Helena Drive no dia 4 de agosto de 1962. Marilyn e ele chegaram de fato a ter uma violenta discussão. No mesmo dia, ela também discutiu com Pat Newcomb. Ela recebeu pelo correio um misterioso objeto de pelúcia, um tigre, que a mergulhou no desespero. Na noite anterior, uma mulher histérica chamou-a de puta pelo telefone... E também...

Corta.

Fantasia durante a vida inteira, Marilyn só podia continuar fantasia com a morte e na morte. É preciso a qualquer preço procurar saber mais? O que é a verdade? Essa avalanche de detalhes repugnantes sobre a autópsia da defunta? É preciso analisar o estômago de Marilyn Monroe para apreender *sua* verdade e falar de tragédia? Por que querer reabrir sem parar esse cadáver, catalogado como caso 81128, que os empregados do necrotério precisaram esconder numa gaveta para protegê-lo uma última vez dos fotógrafos?* Se a vida dela pertenceu a todo mundo, ao menos a morte não poderia ser só dela?

Uma coisa é certa: em 5 de agosto de 1962, de manhãzinha, o mundo inteiro era informado com estupor da morte

* Um deles conseguiu até fazer fotos do cadáver de Marilyn depois da autópsia.

de Marilyn Monroe. Morte turva e trágica em harmonia total com seu mito. Animada, inanimada.

E todos, preparados para a tarefa, finalmente fácil, de alimentar a fábula, não perceberam que Marilyn na realidade tinha morrido, assassinada, há muito tempo. Mais do que isso, nunca tinha existido.

Pupupidu*

No dia 8 de agosto de 1962, Joe DiMaggio não se casou pela segunda vez, como talvez tivesse esperado, com sua boneca loura, mas enterrou-a com todos os seus brilhos falsos. O corpo frio da mais célebre atriz do mundo, recortado a bisturi e examinado nos mínimos detalhes, foi durante horas recomposto por seu maquiador, que antes bebeu uma garrafa de vodka para sentir-se capaz de cumprir a promessa feita anos antes, "enquanto ela ainda estava quente". Quando viu o que restava da atriz, o cabeleireiro desmaiou. Então a morta foi paramentada com a peruca que ela usara em *Os desajustados* e que tanto detestara. Pela última vez, refizeram-se seus lábios, os olhos, o sinal, as unhas, puseram-lhe um vestido verde claro. Foi maquiada segundo a tradição. No caixão, Marilyn parecia estar dormindo. Estava tão viva quanto na sua curta existência. DiMaggio velou-a a noite inteira, chorando. Diante do Westwood Memorial Park, a multidão de celebridades, desocupados e fotógrafos foi contida à força. Com a autorização da meia-irmã da estrela (sua mãe, Gladys, avisada, respondeu com um ar ausente que nunca ouvira falar em Marilyn Monroe), o ex-Yankee assumiu o controle da situação e proibiu a toda Hollywood o acesso aos funerais. Dean Martin, Sinatra e muitos outros ficaram atrás das grades. DiMaggio não permitiu senão algumas pessoas, escolhidas minuciosamente. Dentre elas, Greenson, Murray, Newcomb e a família Strasberg, feita herdeira no testamento de Marilyn. Lee pronunciou o elogio fúnebre.

Embora convidados, Jim Dougherty e Arthur Miller também não compareceram, por não desejarem assistir às exéquias. Bob Slatzer teve a intenção de chegar lá, mas permaneceu do outro lado da cerca.

---

* Trecho da célebre interpretação de Marilyn de *I Wanna be Loved by You*, em *Quanto mais quente melhor*. (N.T.)

Um organista tocou *Over the Rainbow*. DiMaggio beijou chorando a bela adormecida, e depois a tampa do além se fechou sobre os célebres cachos louros. Ela partiu por trás de uma pequena placa de mármore bem simples, diante da qual durante vinte anos o ex-jogador de beisebol mandou depositar todos os dias rosas vermelhas. Uma vez terminada a cerimônia, cada um foi embora para um lado, com seus segredos e suas mentiras. As portas do cemitério se abriram. Então eles correram, pisotearam, arrancaram, com a ilusão, ainda, de surrupiar tudo que pudessem, tudo que soubessem sobre ela. Mas ela tinha ido embora, a doce aparição, com sua vozinha de criança e seus olhos implorantes. Antes da hora desta vez, só para amolá-los. Deixou-os plantados ali e legou-lhes canções, alguns filmes, milhares de fotografias e uma inscrição:

MARILYN MONROE
1926-1962

ANEXOS

Cronologia

1926. *1º de junho.* Nascimento de Norma Jeane Mortensen, filha de Gladys Baker. Pai declarado: Martin Edward Mortensen, endereço desconhecido. A criança é entregue a uma família de acolhida.

1927. Della Monroe, avó de Norma Jeane, teria tentado asfixiá-la com um travesseiro. Della é internada.

1934. Gladys e Norma Jeane se mudam para uma pequena casa em Hollywood. Um dos locatários teria abusado de Norma Jeane.
Dezembro. Gladys é internada. Norma Jeane é abrigada por uma amiga de sua mãe.

1935. *Setembro.* Norma Jeane é matriculada sob o número 3463 no orfanato de Los Angeles, em alternância com lares de acolhida.

1937-1941. Norma Jeane mora com Ana Lower, a oeste de Los Angeles. São os anos mais felizes de sua infância. Ela se transforma pouco a pouco e descobre seu poder de sedução.

1942. *19 de junho.* Para evitar um retorno ao orfanato, Norma Jeane casa-se com um jovem vizinho, Jim Dougherty.

1943. *Agosto.* Dougherty alista-se na marinha.

1944. *Outubro.* Na fábrica da Radioplane, onde embala paraquedas, Norma Jeane é notada por um fotógrafo profissional que a encoraja a se tornar modelo. Ela hesita.

1945. *2 de agosto.* Norma Jeane se apresenta na agência de modelos Blue Book.

1946-1948. Starlet na Fox e depois na Columbia. Conhece Natasha Lytess, professora de arte dramática, e se apaixona por seu professor de canto, Fred Karger, que a rejeita.

1949. Na penúria, Marilyn posa nua para um calendário.
Dezembro. É apresentada a Johnny Hyde, agente poderoso, e se torna sua amante.

1950. Últimas transformações. Johnny Hyde a faz alterar o nariz e o queixo, ensina-a a se vestir. Louco por ela, quer se casar com a garota, mas ela recusa. Graças a ele, consegue trabalho com Huston e Mankiewicz. A Fox a contrata por sete anos.
18 de dezembro. Morte de Johnny Hyde.
24 de dezembro. Primeira tentativa de suicídio.

1950-1952. Marilyn é a starlet em ascensão da Fox, que só lhe dá papéis de "loura burra" e utiliza sua imagem de pin-up para fins publicitários. Ela recebe três mil cartas de fãs por semana.

1952. Ao lado de Barbara Stanwick, Monroe aparece pela primeira vez em destaque no anúncio de *Clash by Night* (*Só a mulher peca*).
4 de outubro. Ela teria se casado com o jornalista Robert Slatzer. Divorciam-se dois dias depois.

1953. A lenda Marilyn está em marcha. Depois de um primeiro papel em *Niagara* (*Torrente da paixão*), sua glória é consagrada em *Gentlemen Prefer Blondes* (*Os homens preferem as louras*).

1954. *14 de fevereiro*. Casa-se com Joe DiMaggio, ex-superstar do beisebol, que ela conheceu dois anos antes. Viagem para a Ásia. Filmagem de *The Seven Year Itch* (*O pecado mora ao lado*).
5 de outubro. Divórcio de Joe DiMaggio.

1955. Marilyn se instala em Nova York, rompe com a Fox, assiste a cursos no Actors Studio e inicia um relacionamento com Arthur Miller. Ela quer de agora em diante escolher seus papéis e mudar sua imagem.

1956. Filmagem de *Bus Stop* (*Nunca fui santa*) na primavera.
29 de junho. Casamento civil com Arthur Miller. Ela trabalha em *The Prince and the Show Girl* (*O príncipe encantado*), filmado em Londres com Laurence Olivier.

1957. Marilyn mora com Arthur Miller entre o vilarejo de Amagansett e Nova York.
Fevereiro. Ela é hospitalizada por depressão nervosa.
1º de agosto. Tem um aborto espontâneo.

1958. *Agosto*. Começo da filmagem na Califórnia de *Some Like it Hot* (*Quanto mais quente melhor*). Marilyn está outra vez grávida.
Dezembro. Ela perde o bebê. Tentativa de suicídio.

1959. Mora com Miller, entre a fazenda comprada em Roxbury e Nova York.

1960. *Janeiro*. Conhece Yves Montand, com quem contracena em *Let's make Love* (*Adorável pecadora*).
Abril. Partida de Yves Montand depois de uma ligação quase pública. Marilyn encadeia com a filmagem penosa de *The Misfits* (*Os desajustados*). Após uma tentativa de suicídio, é hospitalizada. No final do ano, o rompimento com Arthur Miller é oficial.

1961. *20 de janeiro*. Divórcio de Arthur Miller. Marilyn é internada por sua psiquiatra. "Libertada" por Joe DiMaggio, faz um tratamento para desintoxicação e repouso.
Abril. Retorno definitivo a Los Angeles.

1962. *Janeiro*. Começo da filmagem de *Something's Got to Give* (*Alguma coisa deve ceder*).
19 de maio. Marilyn canta *Happy Birthday* para o presidente Kennedy.
5 de agosto. É encontrada morta em casa.

Referências

Diante do número de obras dedicadas à vida e sobretudo à morte de Marilyn Monroe, frequentemente contraditórias quanto às datas e aos fatos, subjetivas necessariamente, e por vezes avaras sobre suas fontes, é preciso proceder a escolhas.

O trabalho muito pesquisado de Don Wolfe, *O assassinato de Marilyn Monroe* é provavelmente até hoje, depois de *As vidas secretas de Marilyn Monroe,* de Anthony Summers, o livro mais completo escrito sobre o assunto (apesar de certas afirmações audaciosas), quer se dê ou não fé à sua tese de assassinato de Marilyn por Robert Kennedy.

Em 2003, o jornalista Matthew Smith alegou ter tido acesso às fitas gravadas pela atriz destinadas a seu psiquiatra durante os últimos meses de vida. Ele publicou a transcrição em um livro, *Victime, Les dernières révélations de Marilyn Monroe*. Mas essas fitas são autênticas?

A essas três obras de base convém acrescentar:

CIMENT, Michel. *Kazan par Kazan*. Paris: Stock, 1973; Ramsay, 1985.

DOLL, Susan. *Marilyn: Her Life & Legend.* Lincolnwood: Publications International Ltd., 1990.

FRATTINI, Éric. *Mafia, S.A. 100 años de Cosa Nostra*. Madri: Espasa, 2002.

GOTTFRIED, Martin. *Arthur Miller*. Cambridge: Da Capo Press, 2003.

HARRISON, Jay. *Marilyn*. Continental Enterprises Group, 1997

MAILER, Norman. *Marilyn: a Biography*. New York: Grosset & Dunlap, 1973.

MEYER-STABLEY, Bertrand. *La véritable Marilyn Monroe.* Paris: Pygmalion, 2003.

MOSLEY, Leonard. *Zanuck. The Rise and Fall of Hollywood's Last Tycoon*. Boston: Little Brown, 1984

MILLER, Arthur. *After the Fall*. New York: Penguin, 1980.

______. *Timebends: a Life*. New York: Penguin, 1995.

OATES, Joyce Carol. *Blonde*. São Paulo: Globo, 2003.

OLIVIER, Laurence. *Confessions of an Actor*. New York: Simon & Schuster, 1985.

REINER, Silvain. *Marilyn Monroe, Les signes du destin*. Bordeaux: Le Castor Astral, 1997.

SPADA, James; ZENO, George. *Marilyn Monroe*. Paris: Sylvie Messinger, 1982.

Sem esquecer os numerosos sites da internet, os documentários, os romances e os bonitos livros, em particular o de Eve Arnold, *Marilyn*, e o de André de Diennes, *Marilyn mon amour*.

Filmografia

1948. *Scudda Hoo! Scudda Hay!* (*Torrentes de ódio*), de F. Hugh Herbert.
Dangerous Years (*Idade perigosa*), de Arthur Pierson.
Ladies of the Chorus (*Mentiras salvadoras*), de Phil Karlson.

1949. *Love Happy* (*Loucos de amor*), de David Miller.

1950. *A Ticket to Tomahawk* (*O que pode um beijo*), de Richard Sale.
The Asphalt Jungle (*O segredo das joias*), de John Huston.
All About Eve (*A malvada*), de Joseph Mankiewicz.
The Fireball (*O Faísca*), de Tay Garnett.

1951. *Right Cross* (*Por um amor*), de John Sturges.
Home Town Story (*Em cada lar um romance*), de Arhur Pierson.
As Young as You Feel (*Sempre jovem*), de Harmon Jones.
Let's Make it Legal (*Joguei minha mulher*), de Richard Sale.
Love Nest (*O segredo das viúvas*), de Joseph Newman.

1952. *Clash by Night* (*Só a mulher peca*), de Fritz Lang.
Don't Bother to Knock (*Almas desesperadas*), de Roy Ward Baker.
Monkey Business (*O inventor da mocidade*), de Howard Hawks.
O. Henry's Full House (*Páginas da vida*), de Henry Koster.
We're Not Married (*Travessuras de casados*), de Edmund Goulding.

1953. *Niagara* (*Torrente de paixão*), de Henry Hathaway.
Gentlemen Prefer Blondes (*Os homens preferem as louras*), de Howard Hawks.
How to Marry a Millionaire (*Como agarrar um milionário*), de Jeane Negulesco.

1954. *River of No Return* (*O rio das almas perdidas*), de Otto Preminger.
There's No Business Like Show Business (*O mundo da fantasia*), de Walter Lang.

1955. *The Seven Year Itch* (*O pecado mora ao lado*), de Billy Wilder.

1956. *Bus Stop* (*Nunca fui santa*), de Joshua Logan.

1957. *The Prince and the Show Girl* (*O príncipe encantado*), de Laurence Olivier.

1958. *Some Like it Hot* (*Quanto mais quente melhor*), de Billy Wilder.

1960. *Let's Make Love* (*Adorável pecadora*), de George Cukor.

1961. *The Misfits* (*Os desajustados*), de John Huston.

1962. Filmagem de *Something's Got to Give* (*Alguma coisa deve ceder*), de George Cukor, filme inacabado.

Notas

Por uma preocupação com a fluidez, a fim de não perturbar a leitura, a referência a um texto é somente mencionada quando ele é o único a evocar um fato, uma história ou uma citação. As contradições entre os biógrafos, excessivamente numerosas, não são citadas.

Morena

1. Esta primeira cena é inspirada numa sequência mencionada por Matthew Smith em *Victime. Les dernières révélations de Marilyn Monroe*, Plon, 2005.

2. Don Wolfe, *Marilyn Monroe. Enquête sur un assassinat*, Albin Michel, 1998.

Degradação

1. Don Wolfe, *Marilyn Monroe. Enquête sur un assassinat*, *op. cit.*

Anamorfose

1. Don Wolfe, *Marilyn Monroe. Enquête sur un assassinat*, *op. cit.*

A "*mmmmmmmmm girl*"

1. Memórias de James Dougherty, *Norma Jeane. La vraie Marilyn Monroe*, Press Select Ltée, citadas por Don Wolfe, *op. cit.*

Última escala antes de embarcar

1. Don Wolfe, *Marilyn Monroe. Enquête sur un assassinat*, *op. cit.*

Modelo

1. Este capítulo é inspirado nas lembranças de André de Dienes em *Marilyn mon amour*, Filipacchi, 1986.

Miss monroe & doctor hyde

1. Martin Gottfried, *Arthur Miller*, Flammarion, 2005.

Sete anos de decepção (*suíte 1*)

1. James Spada e George Zeno, *Marilyn Monroe*, Sylvie Messinger, 1982.

2. *Ibid.*

Eles eram todos seu pai (*intermédio*)

1. Arthur Miller, *Au fil du temps*, Le livre de poche, 1997.

2. *Ibid.*

Sete anos de decepção (*suíte 2*)

1. Don Wolfe, Marilyn Monroe. *Enquête sur un assassinat, op. cit.*

Renascer, diz ela

1. Norman Mailer, *Marilyn*, Ramsay, 1986.

Antes da queda

1. Don Wolfe, Marilyn Monroe. *Enquête sur un assassinat, op. cit.*

Hoje para sempre

1. Martin Gottfried, *Arthur Miller*, *op. cit.*

2. Don Wolfe, Marilyn Monroe. *Enquête sur un assassinat, op. cit.*

3. Martin Gottfried, *Arthur Miller*, *op. cit.*

Mrs. Miller

1. Laurence Olivier, *Confessions d'un acteur*, Buchet-Chastel, 1984; Ramsay, 1988.

2. Martin Gottfried, *Arthur Miller*, *op. cit.*

3. *Ibid.*

I'm through with love, I'll never fall again

1. Martin Gottfried, *Arthur Miller*, *op. cit.*

2. James Spada, George Zeno, *Marilyn Monroe, op. cit.*

Meu coração é do papai

1. Martin Gottfried, *Arthur Miller*, *op. cit.*

Desajustada

1. Citado por Martin Gottfried, *Arthur Miller*, *op. cit.*

2. *Times Magazine*.

Sobre a autora

Anne Plantagenet é autora de *Un coup de corne fut mon premier baiser* (Ramsay, 1998), *Seule au rendez-vous* (Robert Laffont, 2005, Prêmio de melhor biografia) e *Manolete, le calife foudroyé* (Ramsay, 2005, Prêmio de biografia da cidade de Hossegor).

Coleção L&PM POCKET (LANÇAMENTOS MAIS RECENTES)

618.**Snoopy em Assim é a vida, Charlie Brown! (3)** – Schulz
619.**1954 – Um tiro no coração** – Hélio Silva
620.**Sobre a inspiração poética (Íon)** e ... – Platão
621.**Garfield e seus amigos (8)** – Jim Davis
622.**Odisséia (3): Ítaca** – Homero
623.**A louca matança** – Chester Himes
624.**Factótum** – Bukowski
625.**Guerra e Paz: volume 1** – Tolstói
626.**Guerra e Paz: volume 2** – Tolstói
627.**Guerra e Paz: volume 3** – Tolstói
628.**Guerra e Paz: volume 4** – Tolstói
629(9).**Shakespeare** – Claude Mourthé
630.**Bem está o que bem acaba** – Shakespeare
631.**O contrato social** – Rousseau
632.**Geração Beat** – Jack Kerouac
633.**Snoopy: É Natal! (4)** – Charles Schulz
634(8).**Testemunha da acusação** – Agatha Christie
635.**Um elefante no caos** – Millôr Fernandes
636.**Guia de leitura (100 autores que você precisa ler)** – Organização de Léa Masina
637.**Pistoleiros também mandam flores** – David Coimbra
638.**O prazer das palavras** – vol. 1 – Cláudio Moreno
639.**O prazer das palavras** – vol. 2 – Cláudio Moreno
640.**Novíssimo testamento: com Deus e o diabo, a dupla da criação** – Iotti
641.**Literatura Brasileira: modos de usar** – Luís Augusto Fischer
642.**Dicionário de Porto-Alegrês** – Luís A. Fischer
643.**Clô Dias & Noites** – Sérgio Jockymann
644.**Memorial de Isla Negra** – Pablo Neruda
645.**Um homem extraordinário e outras histórias** – Tchékhov
646.**Ana sem terra** – Alcy Cheuiche
647.**Adultérios** – Woody Allen
648.**Para sempre ou nunca mais** – R. Chandler
649.**Nosso homem em Havana** – Graham Greene
650.**Dicionário Caldas Aulete de Bolso**
651.**Snoopy: Posso fazer uma pergunta, professora? (5)** – Charles Schulz
652(10).**Luís XVI** – Bernard Vincent
653.**O mercador de Veneza** – Shakespeare
654.**Cancioneiro** – Fernando Pessoa
655.**Non-Stop** – Martha Medeiros
656.**Carpinteiros, levantem bem alto a cumeeira & Seymour, uma apresentação** – J.D.Salinger
657.**Ensaios céticos** – Bertrand Russell
658.**O melhor de Hagar 5** – Dik e Chris Browne
659.**Primeiro amor** – Ivan Turguêniev
660.**A trégua** – Mario Benedetti
661.**Um parque de diversões da cabeça** – Lawrence Ferlinghetti
662.**Aprendendo a viver** – Sêneca
663.**Garfield, um gato em apuros (9)** – Jim Davis
664.**Dilbert 1** – Scott Adams
665.**Dicionário de dificuldades** – Domingos Paschoal Cegalla
666.**A imaginação** – Jean-Paul Sartre
667.**O ladrão e os cães** – Naguib Mahfuz
668.**Gramática do português contemporâneo** – Celso Cunha
669.**A volta do parafuso** *seguido de* **Daisy Miller** – Henry James
670.**Notas do subsolo** – Dostoiévski
671.**Abobrinhas da Brasilônia** – Glauco
672.**Geraldão (3)** – Glauco
673.**Piadas para sempre (3)** – Visconde da Casa Verde
674.**Duas viagens ao Brasil** – Hans Staden
675.**Bandeira de bolso** – Manuel Bandeira
676.**A arte da guerra** – Maquiavel
677.**Além do bem e do mal** – Nietzsche
678.**O coronel Chabert** *seguido de* **A mulher abandonada** – Balzac
679.**O sorriso de marfim** – Ross Macdonald
680.**100 receitas de pescados** – Sílvio Lancellotti
681.**O juiz e seu carrasco** – Friedrich Dürrenmatt
682.**Noites brancas** – Dostoiévski
683.**Quadras ao gosto popular** – Fernando Pessoa
684.**Romanceiro da Inconfidência** – Cecília Meireles
685.**Kaos** – Millôr Fernandes
686.**A pele de onagro** – Balzac
687.**As ligações perigosas** – Choderlos de Laclos
688.**Dicionário de matemática** – Luiz Fernandes Cardoso
689.**Os Lusíadas** – Luís Vaz de Camões
690(11).**Átila** – Éric Deschodt
691.**Um jeito tranqüilo de matar** – Chester Himes
692.**A felicidade conjugal** *seguido de* **O diabo** – Tolstói
693.**Viagem de um naturalista ao redor do mundo** – vol. 1 – Charles Darwin
694.**Viagem de um naturalista ao redor do mundo** – vol. 2 – Charles Darwin
695.**Memórias da casa dos mortos** – Dostoiévski
696.**A Celestina** – Fernando de Rojas
697.**Snoopy: Como você é azarado, Charlie Brown! (6)** – Charles Schulz
698.**Dez (quase) amores** – Claudia Tajes
699(9).**Poirot sempre espera** – Agatha Christie
700.**Cecília de bolso** – Cecília Meireles
701.**Apologia de Sócrates** *precedido de* **Êutifron** e *seguido de* **Críton** – Platão
702.**Wood & Stock** – Angeli
703.**Striptiras (3)** – Laerte
704.**Discurso sobre a origem e os fundamentos da desigualdade entre os homens** – Rousseau
705.**Os duelistas** – Joseph Conrad
706.**Dilbert (2)** – Scott Adams
707.**Viver e escrever** (vol. 1) – Edla van Steen
708.**Viver e escrever** (vol. 2) – Edla van Steen
709.**Viver e escrever** (vol. 3) – Edla van Steen
710(10).**A teia da aranha** – Agatha Christie
711.**O banquete** – Platão
712.**Os belos e malditos** – F. Scott Fitzgerald
713.**Libelo contra a arte moderna** – Salvador Dalí
714.**Akropolis** – Valerio Massimo Manfredi
715.**Devoradores de mortos** – Michael Crichton

716.**Sob o sol da Toscana** – Frances Mayes
717.**Batom na cueca** – Nani
718.**Vida dura** – Claudia Tajes
719.**Carne trêmula** – Ruth Rendell
720.**Cris, a fera** – David Coimbra
721.**O anticristo** – Nietzsche
722.**Como um romance** – Daniel Pennac
723.**Emboscada no Forte Bragg** – Tom Wolfe
724.**Assédio sexual** – Michael Crichton
725.**O espírito do Zen** – Alan W.Watts
726.**Um bonde chamado desejo** – Tennessee Williams
727.**Como gostais** *seguido de* **Conto de inverno** – Shakespeare
728.**Tratado sobre a tolerância** – Voltaire
729.**Snoopy: Doces ou travessuras? (7)** – Charles Schulz
730.**Cardápios do Anonymus Gourmet** – J.A. Pinheiro Machado
731.**100 receitas com lata** – J.A. Pinheiro Machado
732.**Conhece o Mário?** vol.2 – Santiago
733.**Dilbert (3)** – Scott Adams
734.**História de um louco amor** *seguido de* **Passado amor** – Horacio Quiroga
735(11).**Sexo: muito prazer** – Laura Meyer da Silva
736(12).**Para entender o adolescente** – Dr. Ronald Pagnoncelli
737(13).**Desembarcando a tristeza** – Dr. Fernando Lucchese
738.**Poirot e o mistério da arca espanhola & outras histórias** – Agatha Christie
739.**A última legião** – Valerio Massimo Manfredi
740.**As virgens suicidas** – Jeffrey Eugenides
741.**Sol nascente** – Michael Crichton
742.**Duzentos ladrões** – Dalton Trevisan
743.**Os devaneios do caminhante solitário** – Rousseau
744.**Garfield, o rei da preguiça (10)** – Jim Davis
745.**Os magnatas** – Charles R. Morris
746.**Pulp** – Charles Bukowski
747.**Enquanto agonizo** – William Faulkner
748.**Aline: viciada em sexo (3)** – Adão Iturrusgarai
749.**A dama do cachorrinho** – Anton Tchékhov
750.**Tito Andrônico** – Shakespeare
751.**Antologia poética** – Anna Akhmátova
752.**O melhor de Hagar 6** – Dik e Chris Browne
753(12).**Michelangelo** – Nadine Sautel
754.**Dilbert (4)** – Scott Adams
755.**O jardim das cerejeiras** *seguido de* **Tio Vânia** – Tchékhov
756.**Geração Beat** – Claudio Willer
757.**Santos Dumont** – Alcy Cheuiche
758.**Budismo** – Claude B. Levenson
759.**Cleópatra** – Christian-Georges Schwentzel
760.**Revolução Francesa** – Frédéric Bluche, Stéphane Rials e Jean Tulard
761.**A crise de 1929** – Bernard Gazier
762.**Sigmund Freud** – Edson Sousa e Paulo Endo
763.**Império Romano** – Patrick Le Roux
764.**Cruzadas** – Cécile Morrisson
765.**O mistério do Trem Azul** – Agatha Christie
766.**Os escrúpulos de Maigret** – Simenon
767.**Maigret se diverte** – Simenon
768.**Senso comum** – Thomas Paine
769.**O parque dos dinossauros** – Michael Crichton
770.**Trilogia da paixão** – Goethe
771.**A simples arte de matar** (vol.1) – R. Chandler
772.**A simples arte de matar** (vol.2) – R. Chandler
773.**Snoopy: No mundo da lua! (8)** – Charles Schulz
774.**Os Quatro Grandes** – Agatha Christie
775.**Um brinde de cianureto** – Agatha Christie
776.**Súplicas atendidas** – Truman Capote
777.**Ainda restam aveleiras** – Simenon
778.**Maigret e o ladrão preguiçoso** – Simenon
779.**A viúva imortal** – Millôr Fernandes
780.**Cabala** – Roland Goetschel
781.**Capitalismo** – Claude Jessua
782.**Mitologia grega** – Pierre Grimal
783.**Economia: 100 palavras-chave** – Jean-Paul Betbèze
784.**Marxismo** – Henri Lefebvre
785.**Punição para a inocência** – Agatha Christie
786.**A extravagância do morto** – Agatha Christie
787(13).**Cézanne** – Bernard Fauconnier
788.**A identidade Bourne** – Robert Ludlum
789.**Da tranquilidade da alma** – Sêneca
790.**Um artista da fome** *seguido de* **Na colônia penal e outras histórias** – Kafka
791.**Histórias de fantasmas** – Charles Dickens
792.**A louca de Maigret** – Simenon
793.**O amigo de infância de Maigret** – Simenon
794.**O revólver de Maigret** – Simenon
795.**A fuga do sr. Monde** – Simenon
796.**O Uraguai** – Basílio da Gama
797.**A mão misteriosa** – Agatha Christie
798.**Testemunha ocular do crime** – Agatha Christie
799.**Crepúsculo dos ídolos** – Friedrich Nietzsche
800.**Maigret e o negociante de vinhos** – Simemon
801.**Maigret e o mendigo** – Simenon
802.**O grande golpe** – Dashiell Hammett
803.**Humor barra pesada** – Nani
804.**Vinho** – Jean-François Gautier
805.**Egito Antigo** – Sophie Desplancques
806(14).**Baudelaire** – Jean-Baptiste Baronian
807.**Caminho da sabedoria, caminho da paz** – Dalai Lama e Felizitas von Schönborn
808.**Senhor e servo e outras histórias** – Tolstói
809.**Os cadernos de Malte Laurids Brigge** – Rilke
810.**Dilbert (5)** – Scott Adams
811.**Big Sur** – Jack Kerouac
812.**Seguindo a correnteza** – Agatha Christie
813.**O álibi** – Sandra Brown
814.**Montanha-russa** – Martha Medeiros
815.**Coisas da vida** – Martha Medeiros
816.**A cantada infalível** *seguido de* **A mulher do centroavante** – David Coimbra
817.**Maigret e os crimes do cais** – Simenon
818.**Sinal vermelho** – Simenon
819.**Snoopy: Pausa para a soneca (9)** – Charles Schulz
820.**De pernas pro ar** – Eduardo Galeano
821.**Tragédias gregas** – Pascal Thiercy
822.**Existencialismo** – Jacques Colette
823.**Nietzsche** – Jean Granier
824.**Amar ou depender?** – Walter Riso
825.**Darmapada: A doutrina budista em versos**
826.**J'Accuse...! – a verdade em marcha** – Zola
827.**Os crimes ABC** – Agatha Christie

828.**Um gato entre os pombos** – Agatha Christie
829.**Maigret e o sumiço do sr. Charles** – Simenon
830.**Maigret e a morte do jogador** – Simenon
831.**Dicionário de teatro** – Luiz Paulo Vasconcellos
832.**Cartas extraviadas** – Martha Medeiros
833.**A longa viagem de prazer** – J. J. Morosoli
834.**Receitas fáceis** – J. A. Pinheiro Machado
835.(14).**Mais fatos & mitos** – Dr. Fernando Lucchese
836.(15).**Boa viagem!** – Dr. Fernando Lucchese
837.**Aline: Finalmente nua!!!** (4) – Adão Iturrusgarai
838.**Mônica tem uma novidade!** – Mauricio de Sousa
839.**Cebolinha em apuros!** – Mauricio de Sousa
840.**Sócios no crime** – Agatha Christie
841.**Bocas do tempo** – Eduardo Galeano
842.**Orgulho e preconceito** – Jane Austen
843.**Impressionismo** – Dominique Lobstein
844.**Escrita chinesa** – Viviane Alleton
845.**Paris: uma história** – Yvan Combeau
846(15).**Van Gogh** – David Haziot
847.**Maigret e o corpo sem cabeça** – Simenon
848.**Portal do destino** – Agatha Christie
849.**O futuro de uma ilusão** – Freud
850.**O mal-estar na cultura** – Freud
851.**Maigret e o matador** – Simenon
852.**Maigret e o fantasma** – Simenon
853.**Um crime adormecido** – Agatha Christie
854.**Satori em Paris** – Jack Kerouac
855.**Medo e delírio em Las Vegas** – Hunter Thompson
856.**Um negócio fracassado e outros contos de humor** – Tchékhov
857.**Mônica está de férias!** – Mauricio de Sousa
858.**De quem é esse coelho?** – Mauricio de Sousa
859.**O burgomestre de Furnes** – Simenon
860.**O mistério Sittaford** – Agatha Christie
861.**Manhã transfigurada** – Luiz Antonio de Assis Brasil
862.**Alexandre, o Grande** – Pierre Briant
863.**Jesus** – Charles Perrot
864.**Islã** – Paul Balta
865.**Guerra da Secessão** – Farid Ameur
866.**Um rio que vem da Grécia** – Cláudio Moreno
867.**Maigret e os colegas americanos** – Simenon
868.**Assassinato na casa do pastor** – Agatha Christie
869.**Manual do líder** – Napoleão Bonaparte
870(16).**Billie Holiday** – Sylvia Fol
871.**Bidu arrasando!** – Mauricio de Sousa
872.**Desventuras em família** – Mauricio de Sousa
873.**Liberty Bar** – Simenon
874.**E no final a morte** – Agatha Christie
875.**Guia prático do Português correto – vol. 4** – Cláudio Moreno
876.**Dilbert (6)** – Scott Adams
877(17).**Leonardo da Vinci** – Sophie Chauveau
878.**Bella Toscana** – Frances Mayes
879.**A arte da ficção** – David Lodge
880.**Striptiras (4)** – Laerte
881.**Skrotinhos** – Angeli
882.**Depois do funeral** – Agatha Christie
883.**Radicci 7** – Iotti
884.**Walden** – H. D. Thoreau
885.**Lincoln** – Allen C. Guelzo
886.**Primeira Guerra Mundial** – Michael Howard
887.**A linha de sombra** – Joseph Conrad
888.**O amor é um cão dos diabos** – Bukowski
889.**Maigret sai em viagem** – Simenon
890.**Despertar: uma vida de Buda** – Jack Kerouac
891(18).**Albert Einstein** – Laurent Seksik
892.**Hell's Angels** – Hunter Thompson
893.**Ausência na primavera** – Agatha Christie
894.**Dilbert (7)** – Scott Adams
895.**Ao sul de lugar nenhum** – Bukowski
896.**Maquiavel** – Quentin Skinner
897.**Sócrates** – C.C.W. Taylor
898.**A casa do canal** – Simenon
899.**O Natal de Poirot** – Agatha Christie
900.**As veias abertas da América Latina** – Eduardo Galeano
901.**Snoopy: Sempre alerta! (10)** – Charles Schulz
902.**Chico Bento: Plantando confusão** – Mauricio de Sousa
903.**Penadinho: Quem é morto sempre aparece** – Mauricio de Sousa
904.**A vida sexual da mulher feia** – Claudia Tajes
905.**100 segredos de liquidificador** – José Antonio Pinheiro Machado
906.**Sexo muito prazer 2** – Laura Meyer da Silva
907.**Os nascimentos** – Eduardo Galeano
908.**As caras e as máscaras** – Eduardo Galeano
909.**O século do vento** – Eduardo Galeano
910.**Poirot perde uma cliente** – Agatha Christie
911.**Cérebro** – Michael O'Shea
912.**O escaravelho de ouro e outras histórias** – Edgar Allan Poe
913.**Piadas para sempre (4)** – Visconde da Casa Verde
914.**100 receitas de massas light** – Helena Tonetto
915(19).**Oscar Wilde** – Daniel Salvatore Schiffer
916.**Uma breve história do mundo** – H. G. Wells
917.**A Casa do Penhasco** – Agatha Christie
918.**Maigret e o finado sr. Gallet** – Simenon
919.**John M. Keynes** – Bernard Gazier
920(20).**Virginia Woolf** – Alexandra Lemasson
921.**Peter e Wendy** *seguido de* **Peter Pan em Kensington Gardens** – J. M. Barrie
922.**Aline: numas de colegial (5)** – Adão Iturrusgarai
923.**Uma dose mortal** – Agatha Christie
924.**Os trabalhos de Hércules** – Agatha Christie
925.**Maigret na escola** – Simenon
926.**Kant** – Roger Scruton
927.**A inocência do Padre Brown** – G.K. Chesterton
928.**Casa Velha** – Machado de Assis
929.**Marcas de nascença** – Nancy Huston
930.**Aulete de bolso**
931.**Hora Zero** – Agatha Christie
932.**Morte na Mesopotâmia** – Agatha Christie
933.**Um crime na Holanda** – Simenon
934.**Nem te conto, João** – Dalton Trevisan
935.**As aventuras de Huckleberry Finn** – Mark Twain
936(21).**Marilyn Monroe** – Anne Plantagenet
937.**China moderna** – Rana Mitter
938.**Dinossauros** – David Norman
939.**Louca por homem** – Claudia Tajes
940.**Amores de alto risco** – Walter Riso
941.**Jogo de damas** – David Coimbra
942.**Filha é filha** – Agatha Christie
943.**M ou N?** – Agatha Christie
944.**Maigret se defende** – Simenon

IMPRESSÃO:

GRÁFICA EDITORA
Pallotti
IMAGEM DE QUALIDADE

Santa Maria - RS - Fone/Fax: (55) 3220.4500
www.pallotti.com.br